Markus Fegers
Monika Schiffmann
Helga Seidel-Reichenberg

Lesen mit Lisa

Anleitung

Veris

Veris Bestellnummern

Lesen mit Lisa	Anleitung	038-7
	Heft 1	039-4
	Heft 2	040-0
	Heft 3	041-7
	Heft 4	042-4
	Gesamtausgabe	045-5
Schreiben mit Lisa	Heft 1	056-1
	Heft 2	057-8
	Heft 3	058-5
	Heft 4	059-2
	Gesamtausgabe	106-3
Lesen mit Lisa & Schreiben mit Lisa. Gesamtausgabe		200-8
Joker-Lisa		046-2
Stempel Lisa		42-5
Stickern mit Lisa		050-9
Lisas Lautkarten		054-7
Lisas ABC. Ausgabe Druckschrift		051-6
Lisas ABC. Ausgabe Lateinische Ausgangsschrift		052-3
Lisas ABC. Ausgabe Vereinfachte Ausgangsschrift		053-0

Lesen mit Lisa. Anleitung
Bibliografische Information Der Deutschen Nationalbibliothek
Die Deutsche Nationalbibliothek verzeichnet diese Publikation in der Deutschen Nationalbibliografie; detaillierte bibliografische Daten sind im Internet über http://dnb.d-nb.de abrufbar.

3. Auflage 2013

Satz und Layout: Veris Verlag
Druck: SCHOTTdruck
www.veris-verlag.de

ISBN 978-3-89493-038-7

Inhaltsverzeichnis

Vorwort

Im Laufe unserer langen praktischen Arbeit in der Grund- und Sonderschule haben wir mit Kindern verschiedener Altersgruppen und Lernausgangslagen gearbeitet. Die Notwendigkeit einer individuellen und differenzierten Förderung führte zu einer Sammlung von Arbeitsblättern, die nun als Arbeitshefte mit dem Titel „Lesen mit Lisa" vorliegen.

Für die Veröffentlichung stellte sich das Problem, 7- und 14-jährige Kinder gleichermaßen anzusprechen und eine Leitfigur zu schaffen, die Arbeitsaufträge und Hefte verbindet. Das ist mit der Comicfigur „Lisa" hoffentlich nicht nur zu unserer Zufriedenheit gelungen.

Die Hefte sind als ergänzendes Material für die Hand des Kindes gedacht und ersetzen keineswegs die Arbeit mit anderen Übungsformen.

Wir haben versucht, Arbeitsblätter und Arbeitsaufträge zu entwickeln, die auch leseschwachen Kindern ermöglichen, zunehmend selbstständig zu arbeiten. Prinzipien für die Gestaltung waren:

- klare, überschaubare Strukturen,
- motivierende grafische Gestaltung,
- kurze Bearbeitungsdauer und
- wiederkehrende Übungsformen mit eindeutigen Auftragssymbolen.

Die Lesehefte sind vorwiegend aus der Arbeit mit Grundschülern entstanden, die im zweiten Anlauf mit dem Lesen neu begonnen haben.

Für die Arbeit im Erstleseunterricht, die wir zur Zeit in verschiedenen Sonderschulformen erproben, muss das Material natürlich deutlich ergänzt werden. So sollten dem Heft 1 grundlegende Übungen vorausgehen, wie etwa:

- Unterscheidung gesprochener langer und kurzer Wörter,

- Gliederung gesprochener Wörter z. B. durch Silbenklatschen,

- Einführung der Vokale durch Buchstabenkarten, Handzeichen, Geschichten oder Lieder (s. auch Ideenkiste Brügelmann, Lesen lernen mit Hand und Fuß).

Darüber hinaus wird man jeden eingeführten Buchstaben in Rahmenhandlungen einbetten, wie sie z. T. durch unsere Figuren angeboten werden.

Für Grundschüler mit guter Auffassungsgabe muss eine entsprechende Auswahl getroffen werden.

In den nachfolgenden Erläuterungen haben wir einige Arbeitsblätter durch die folgenden Symbole gekennzeichnet:

△ für geringere Anforderungen

▽ für höhere Anforderungen

Wegen der breiten Streuung in den Altersgruppen haben wir uns bemüht, Inhalte und Arbeitsformen für jüngere und ältere Kinder zu finden.

Allgemeine Prinzipien im Aufbau der Hefte sind:

- Beginn mit lang klingenden und deshalb leichter wahrnehmbaren Konsonanten,
- überwiegende Verwendung langer Vokale,
- weitestgehende Vermeidung von Konsonantenhäufungen,
- weitestgehende Vermeidung von Dopplungen und Dehnungen,

- überwiegende Arbeit auf der Silben- und Wortebene in den ersten beiden Heften und
- steigender Anteil der Satz- und Textebene in den letzten beiden Heften.

Die Buchstaben bzw. Laute werden wie folgt eingeführt:

Heft 1: m, s, l, r, f, n, au, ei, h
Heft 2: w, z, ch^2, ch^1, p, t, k
Heft 3: b, d, g, sch, eu
Heft 4: v, j, ß, ö, ä, ü

Maus & Co

Das Zusammenschleifen von Lauten zu Silben und Wörtern ist eine wesentliche Stufe der Lesefertigkeit und bildet für viele Kinder mit Integrationsstörungen eine Hürde, die sie nur mit besonderer Hilfe nehmen können. Diesem Problem wird im üblichen Erstleseunterricht meist nicht genügend Aufmerksamkeit gewidmet.

Wie schon erwähnt, beginnen wir die Leseförderung auf der Silbenebene mit dehnbaren Konsonanten und langen Vokalen. In der deutschen Sprache gibt es kaum Wortmaterial, das diese Vorgaben erfüllt. Um dennoch kindgemäß und problemorientiert üben und arbeiten zu können, bleibt nur der Fantasiebereich.

Es lag nahe, unserer Leitfigur „Lisa" verschiedene Würfe weiterer Mäuse an die Seite zu stellen. Diese Mäuse können je nach Bedarf in unterschiedlichen Arbeits- und Spielformen zum Leben erweckt werden. Je fantasievoller die Mäuseidee umgesetzt wird, desto stärker beteiligen sich die Kinder emotional.

Heft 1

1 Lisa mit Fahrradanhänger

Diese Seite lassen wir die Kinder interpretieren. Ob Lisa Freundin, Kusine, Mutter oder Tante ist, spielt für die weitere Arbeit keine große Rolle.

2/3 Wurf „M..."

Die Mäuse sehen sich sehr ähnlich und haben deshalb ähnliche Namen.

Wir schlagen vor:
- Mäuse benennen,
- Namen mit Handzeichen lesen,
- Kopie anfertigen, ausmalen, aufhängen.

Im Anhang finden sich weitere Mäuse. Von Kindern (oder Erwachsenen) frei gestaltet, laminiert und vielleicht mit einem Magnetstreifen versehen können sie im Unterricht vielseitig eingesetzt werden.

Wir schlagen vor:
- Tafeltheater,
- Namenskärtchen (Silbenkarten) auf den Bauch kleben,
- Silbenkarten mit Heftklammern magnetisch machen,

- Silbenkarten angeln,
- Silbenkarten den Mäusen zuordnen etc.

Der Fantasie sind dabei kaum Grenzen gesetzt.

4 Silben finden

Wir schlagen vor:
- Der/Die LehrerIn diktiert Silben (mit oder ohne Handzeichen),
- die Kinder suchen die entsprechenden Silben und spuren nach.

5 Silbenlied

Einführung des Buchstaben L. Lisa probt mit ihrer Mäusecombo einen Song für die große Mäuseparty (vergl. auch Brügelmann: Ideenkiste).

6 Die Käsemäuse

Einführung des Buchstaben S.

7 Der Koffer

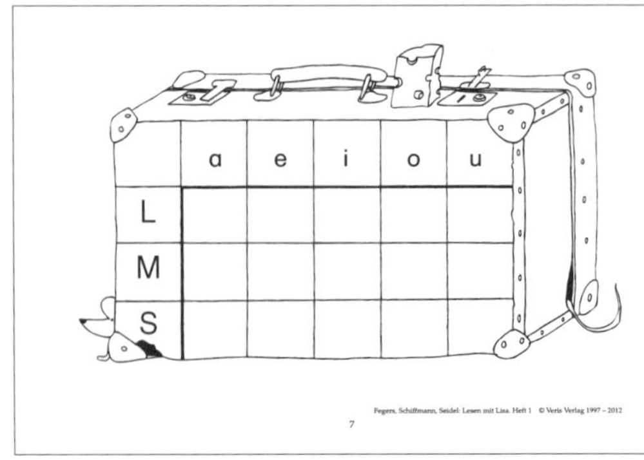

Wo wohnen Mäuse? Im Keller, auf dem Dachboden, in Kisten, Kästen und auch in alten Koffern. Unsere Mäuse wohnen in einem alten Werkzeugkoffer mit lauter kleinen Fächern. Für jeden Wurf ist eine Reihe vorgesehen, für jedes Mäuschen ein Kästchen.
Eine Spielidee: Der/Die SpielleiterIn versteckt in seinem Koffer drei Stückchen Käse (durch Malen, Aufkleben oder Ankreuzen). Die Kinder finden die entsprechenden Fächer durch Fragen heraus: „Hat ‚Ma' den Käse geklaut?"
Die Kinder beschreiben ihre Kofferfächer oder legen sie mit Silbenkarten (Silbenkarten für den Koffer zum Nachspuren und Ausschneiden s. Anhang Heft 1, S. 89) aus. Ein gefundener Käse wird durch einen Aufkleber oder einen Stempel belohnt.

Der Sinn des Spiels liegt im Zusammenziehen von Konsonant und Vokal zu einer Silbe. Diese Arbeitsform kehrt als Spiel „Wo ist Lisa?" immer wieder.

8 Silben finden
(s. Heft 1, S. 4)

Wir schlagen vor: Verbinden von Silbenpaaren mit großen und kleinen Anfangsbuchstaben.

9 Lisa an der Schreibmaschine

Leseübung: Lisa schreibt eine Gästeliste für die große Mäuseparty.

10/11 Die Mäusefete

Die Silbenpaare lassen sich zu je einem sinnvollen Wort zusammenziehen.

12 Wort-Bilder

Hier werden Figuren vorgestellt, die nach Bedarf in Rahmenhandlungen eingebettet werden können. Beispiel: In einer Wohnung des Hauses, auf dessen Dachboden die Mäuse leben, wohnen auch Susi und Uli. Sie besuchen Omi, spielen später mit Ali …

13 Lesetürme

Die Lesetürme sind als Leseübung (vor allem für zu Hause) gedacht und führen ausgewählte Wörter aus dem Übungsbereich strukturiert ein. Darüber hinaus können sie zu Abschreib- und anderen Übungen verwendet werden. Wir schlagen vor:

- mit den Wörtern Sätze bilden,
- Rätsel stellen, z. B. „Es ist gelb, lecker, und man trinkt es …“,
- Wörter suchen: „Welches Wort steht über *Omi*?“,
- und unbekannte Begriffe klären.

Das von uns benutzte Wortmaterial wird immer wieder Begriffe enthalten, die den Kindern unbekannt sind. Die geringe Spracherfahrung der meisten Kinder erfordert eine gründliche inhaltliche Auseinandersetzung mit dem Wortschatz.

14 Wurf „R…“

Einführung des Buchstabens R.

15 Wort-Bilder

(s. Heft 1, S. 11 / 12)

16/17 Lisa hat eine Fahrradpanne

Einführung des Buchstabens F.

18 Wurf „N…“

Einführung des Buchstabens N.

19 Das Kellerregal

Auch im Keller hausen Mäuse. Als Variante des Kofferspiels (s. Heft 1, S. 7) kann hier ein Frage-Antwort-Spiel eingesetzt werden. Beispiel: „Wer wohnt im Eimer, im Koffer, in der Waschmitteltonne … ?“ (Silbenkarten zum Nachspuren und Ausschneiden im Anhang, Heft 1, S. 91).

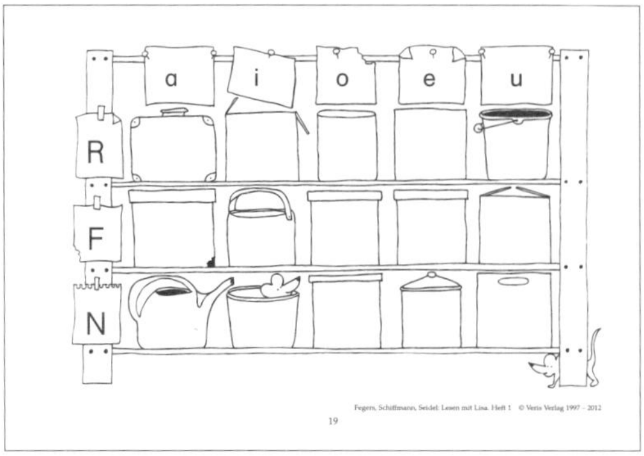

20 Wort-Bilder

(s. Heft 1, S. 11/12)

21 Pilot Milo

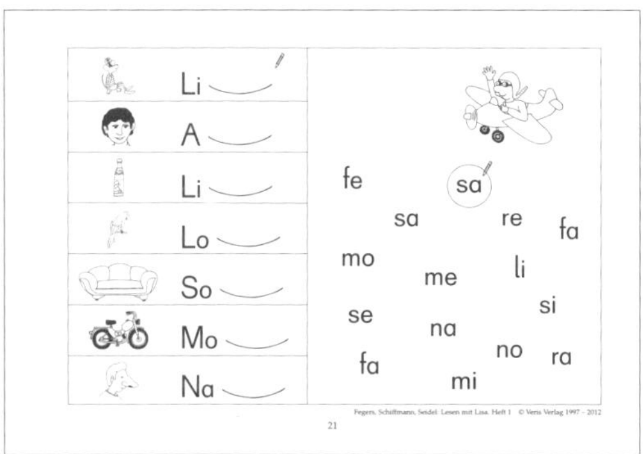

- Wort deutlich artikulieren, fehlende Silben „hören“, Silbe einkreisen und anfügen.

22 Lesetürme

(s. Heft 1, S. 13)

23 Schreibsäule

Für jede Schreibsäule werden sieben zweisilbige Wörter aus dem Übungsbereich gebraucht. Die Anfangssilben werden mit Handzeichen diktiert und von den Kindern vertikal in die erste Spalte einer Säule geschrieben. Spannend und aufschlussreich wird diese Übung, wenn die zweite Silbe geraten werden darf, ansonsten wird sie diktiert. Zur Kontrolle sollten (sofern vorhanden) Wortkarten mit Silbengliederung eingesetzt werden.

In späteren Heften gibt es auch Säulen für drei- und viersilbige Wörter. Das Verfahren ist das gleiche.

24/25 Was kann ich sehen?

- Unterrichtsgespräch; Namen und Begriffe nennen,
- Wörter erlesen und entsprechend den Bildern auf S. 24 nachspuren.

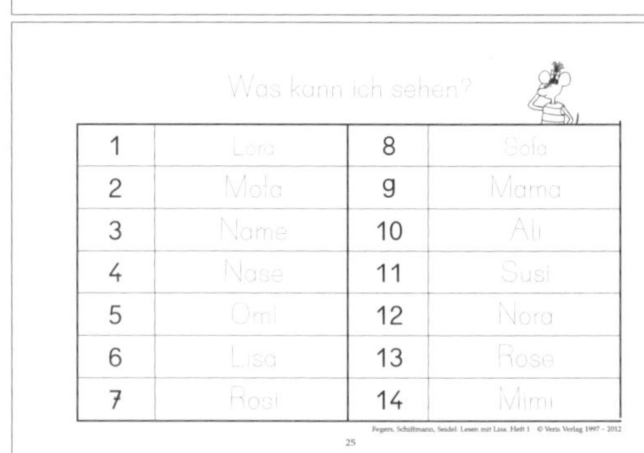
Was kann ich sehen?

1	Lora	8	Sofa
2	Mofa	9	Mama
3	Name	10	Ali
4	Nase	11	Susi
5	Omi	12	Nora
6	Lisa	13	Rose
7	Rosi	14	Mimi

Fegers, Schiffmann, Seidel: Lesen mit Lisa. Heft 1 © Veris Verlag 1997 - 2012

25

26/27 Wörterwäsche

Wir schlagen vor:

- Silben vertikal erlesen,

- Unsinnwörter lesen,
- sinnvolle Wörter suchen und verbinden,
- Wörter eintragen.

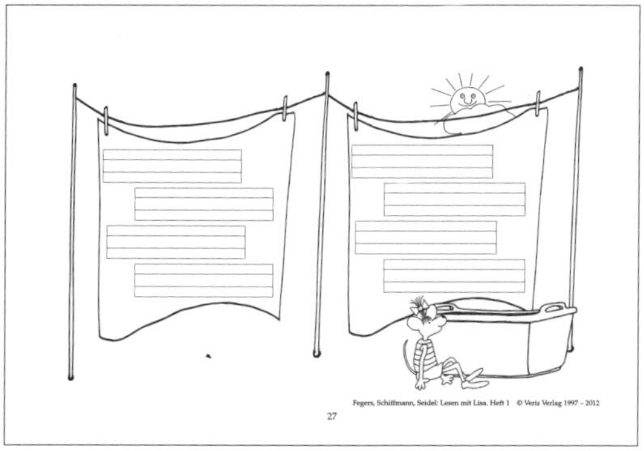

In Heft 1, Anhang S. 93 finden sich Silbenkärtchen zum Ausschneiden.

28 au oder ei

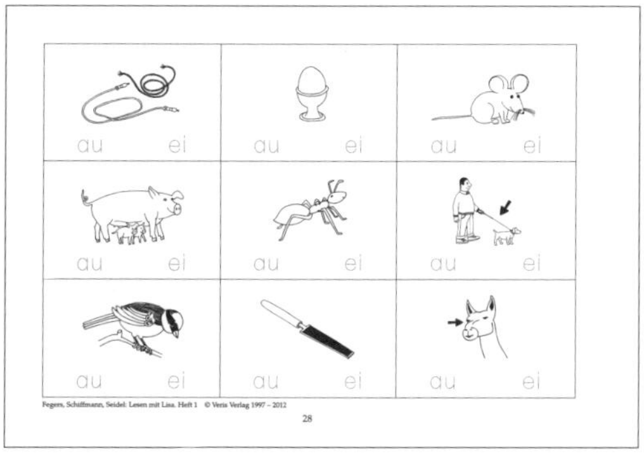

Diese Seite ist nur in zweiter Linie dazu gedacht, Diphthonge zu unterscheiden. In erster Linie soll sie Wörter mit *au* und *ei* einführen. Als zusätzliche optische Unterstützung haben sich die unterschiedlichen Markierungen der Diphthonge sehr bewährt;

z. B. *Maus* erhält einen „Pieker“;

und *Ei* erhält einen „Eimer“.

Wir schlagen vor:
- Bild benennen und Diphthong mit einem Farbstift nachspuren,
- Markierung setzen.

Bei auftretenden Unsicherheiten sollten die Markierungen immer wieder gesetzt werden.

29/30 Wo ist Lisa?

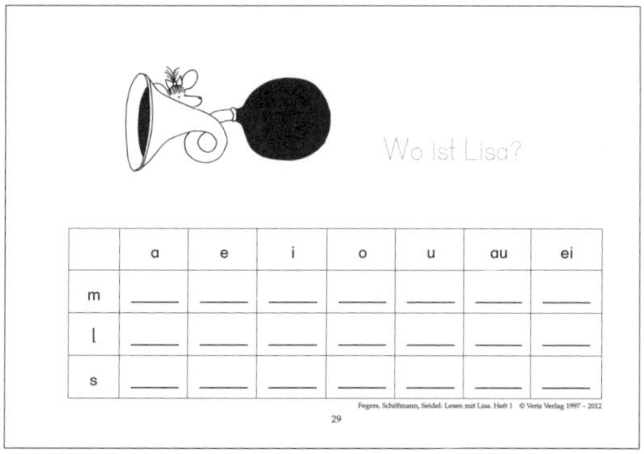

Mit diesem Spiel werden die neuen Buchstaben (hier die Diphthonge *au* und *ei*) und die sich ergebenden Silben geübt und gefestigt. Im Prinzip handelt es sich um das bekannte Kofferspiel.
Der Spielleiter oder die Spielleiterin versteckt in drei oder mehr Kästchen je einen Schatz (Lisa, einen Stempel, ein Sticker etc.) auf einem Exemplar dieser Seite. Es empfiehlt sich auch hier in ganzen Sätzen fragen zu lassen, z. B.: „Ist Lisa bei ‚mau‘?“ Wird ein leeres Kästchen benannt, schreiben alle die Silbe in das Kästchen. Wird Lisa gefunden, erhält dieser Spieler eine Belohnung (Stempel oder Sticker). Die anderen Kinder müssen dieses Feld ebenfalls markieren.

31/32 Silbenburgen

Zur Unterscheidung haben wir die Burgen „Tag-“ und „Nachtburg“ genannt.

33 Lesetürme

(s. Heft 1, S. 13)

34 Zwei Silben zu Wörtern verbinden

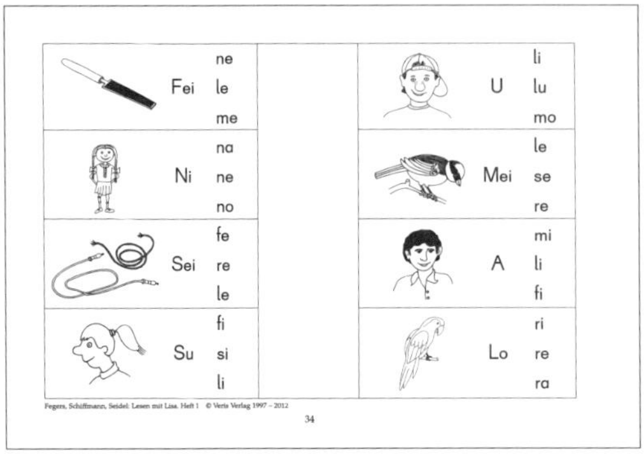

Leistungsstarke Kinder bearbeiten dieses Blatt in der Regel sehr schnell. Gefundene Wörter lässt man aufschreiben.

35 Wie viele Silben?

Die akustische Analyse durch Gliederung in Sprechsilben ist eine grundlegende Arbeitsform, die in möglichst vielen Varianten angeboten werden sollte. Dieses Arbeitsblatt erlaubt nach gründlicher Einführung ein differenziertes, selbstständiges Üben. Die Silben sollten durch Bögen markiert werden.

36/37 Wörterwäsche

(s. Heft 1, S. 26/27)

Silbenkärtchen hierzu in Heft 1, Anhang S. 95.

38 Welches Wort passt?

Hier soll das richtige Wort eingekreist werden.

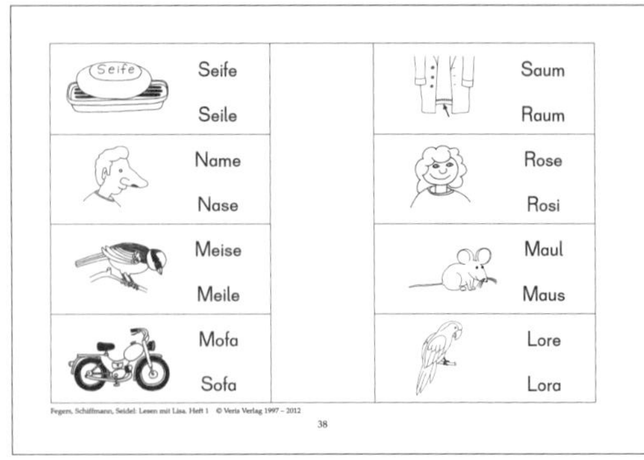

39 Bingo

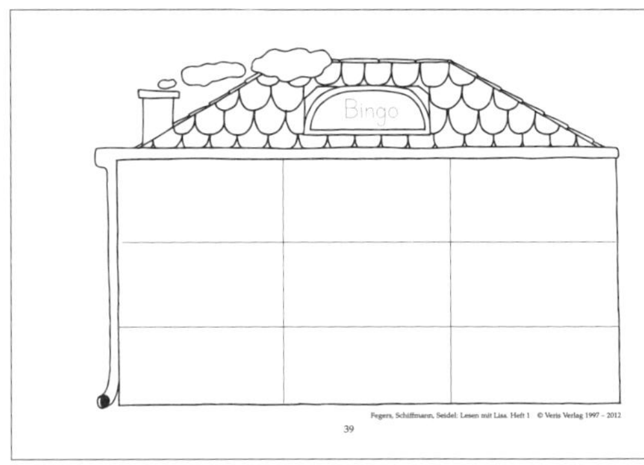

Bingo lässt sich nach vielen verschiedenen Regeln spielen. Wir schlagen vor:

- Lese- und Schreibübung: Aus dem Übungsbereich werden neun Wortkarten ausgewählt und diktiert. Die Kinder sollen die Wörter in Felder ihrer Wahl verteilt schreiben. Nach jedem Wort können sie ihre Niederschrift kontrollieren (Wortkarte oder Tafelanschrift). Nach dem Mischen werden zwei Wortkarten aussortiert. Die restlichen Karten werden vorgelesen; die Kinder müssen nun ihre Wörter lesen und das richtige Wort mit einem farbigen Stift unterstreichen. Drei markierte Wörter in einer Reihe (ob horizontal, vertikal oder diagonal) ergeben ein Bingo, das am Rand markiert wird (Smiley, Stempel etc.).
- Leseübung: Kinder mit erheblichen Schreibproblemen erhalten Wortvorlagen, die sie auf dem Bingoblatt anordnen. Die gefundenen Wörter können mit Chips belegt werden.

40/41 ▽ Lange Wörter

Die akustische Analyse mehrsilbiger Wörter ist ein unverzichtbarer Teil der Leseförderung und sollte handlungsorientiert erarbeitet werden. Wörter können durch Klatschen, Greifen, Schreiten oder Hüpfen der Silben rhythmisch strukturiert werden. Als Hilfen dienen etwa Teppichfliesen oder mit Schnüren gelegte Silbenboote.
Die Übung „Lange Wörter" ist die erste Stufe der Verschriftlichung dieser Analyse.

42 Silbenboote

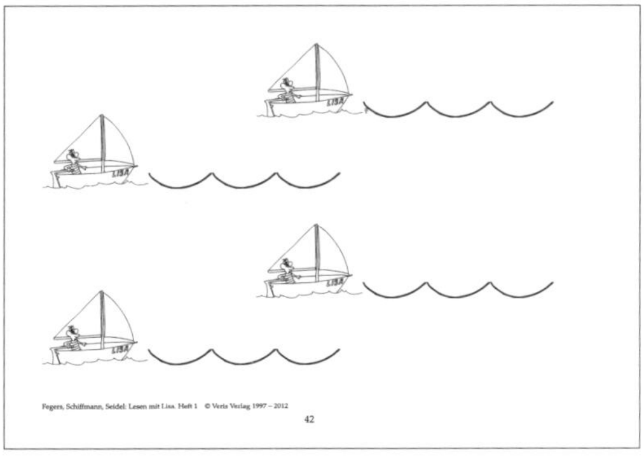

Unterschiedlich lange Wörter werden diktiert; die Kinder sollen sie gegliedert in die Silbenboote schreiben. Ein vorheriges Greifen und Zählen der Silben hat sich als hilfreich erwiesen. Das Auswendigschreiben längerer Wörter stellt höhere Anforderungen. Indem wir Hilfen wie die Silbenboote vorgeben, erleichtern wir einerseits den Kindern die Orientierung und erreichen andererseits eine Durchgliederung.

43 Suche die Bilder!

- Wörter erlesen und den Abbildungen durch Ziffern zuordnen.

44/45 Nino, male ... !

- Sätze erlesen und den Bildern durch Ziffern zuordnen.

46 Begriffe finden

- Begriffe klären und auswendig aufschreiben.

47 Nina in Eile (erster Lesetext)

48 en oder er?

Mit diesem Blatt können die Handzeichen für *en* und *er* eingeführt und die ersten Wörter (Eier, Ofen, Hafer, Hasen, Reifen, Rosinen, Reiher, Eimer und Maler) vorgestellt werden. Als zusätzliche optische Unterstützung haben sich unterschiedlich markierte Endungen sehr bewährt. Auch sie können hier eingeführt werden.

- akustische Analyse,

- Endungen farbig nachspuren,
- Markierungen setzen:
  Reifen und Eimer.

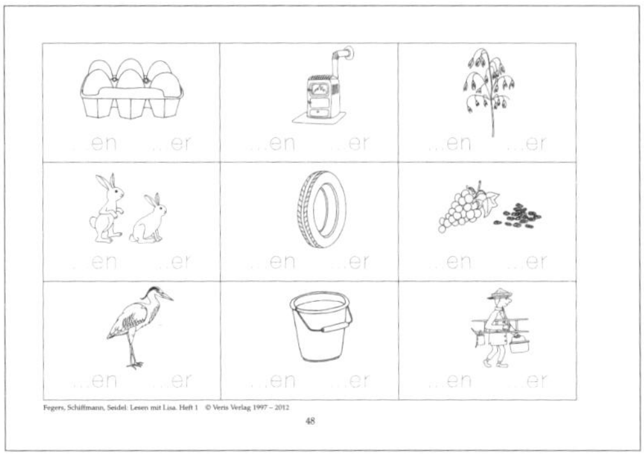

49 Silbenburg
(s. Heft 1, S. 31)

- Markierungen setzen.

Hier kann man eine Geschichte von den Gespenstern erzählen, die die Burg bewohnen.

50 Lisa verkleidet sich

Lisa geht zur Geisterstunde auf das Schloss; Vorbereitung auf die Gespenster.

51 Die Gespenster

- Gespenster vorstellen,
- Namen erlesen
- und mit Handzeichen zeigen lassen.

52/53 Gespenster

- Gespensternamen schreiben,
- Worte lesen,
- mit Handzeichen zeigen lassen.

54/55 ▽ Gespensterlied erlesen

- klären, welches Gespenst welche Zeile singt,
- Gespensternamen schreiben,
- Liedzeilen zuordnen
- und eintragen.

56 Leseturm
(s. Heft 1, S. 13)

57/58 ▽ Reime (Lesetexte)

Hier hat Ernst Jandl Pate gestanden. Nicht alle Kinder verstehen diese Lesetexte auf Anhieb; sie können im Rollen- oder Puppenspiel erarbeitet werden.

59 Maus raus!

- Sätze lesen,
- „Maus raus!" schreiben.

60 Mäusetraum

- Sätze lesen.

61 Wo ist Lisa?
(s. Heft 1, S. 29)

62 Lesetürme
(s. Heft 1, S. 13)

63 Wörter bauen

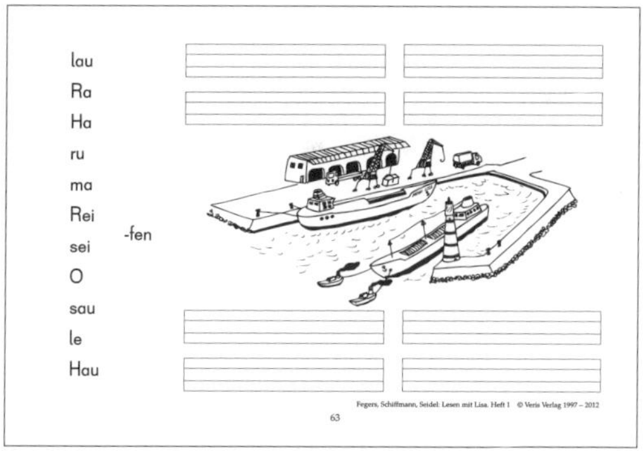

- Silben vertikal lesen,
- sinnvolle Wörter mit der Endung *-fen* finden.

64 Silben zu Wörtern verbinden
(s. Heft 1, S. 34)

65 ▽ Verbenlaster

- Verben bilden.

Die Kinder müssen darauf hingewiesen werden, dass die Endsilben mehrfach benutzt werden dürfen.

66/67 en oder er?

- Wörter lesen,
- Markierungen setzen,
- zuordnen und in Tabelle eintragen.

68/69 Artikel zuordnen

Viele Kinder beherrschen die Artikel nicht sicher. Daher empfehlen wir folgende gemeinsame Erarbeitung:

- Farben für Mutter, Vater und Kind festlegen,
- Wörter lesen,
- Artikel bestimmen,
- entsprechende farbige Markierungen vor die Wörter setzen,
- Wörter eintragen.

Siehe auch Vorgehensweise bei den Lesetürmen (s. Heft 1, S. 13).

70/71 Tiere?

- Wörter lesen und inhaltlich klären,
- ▽ Tiernamen auswendig schreiben,
- △ Tiernamen abschreiben.

72 Wie viele Silben?
(s. Heft 1, S. 35)

Diese umfangreiche Aufgabe sollte evtl. aufgeteilt werden.

73 Suche die Bilder!
(s. Heft 1, S. 43)

74 Satzmuster

Viele unserer Schüler haben Probleme, in vollständigen Sätzen zu sprechen. Übungen zur Satzbildung werden deshalb so früh wie möglich und in steigendem Umfang angeboten.

- Sätze finden,
- aufschreiben.

75 ▽ Wörterlaster

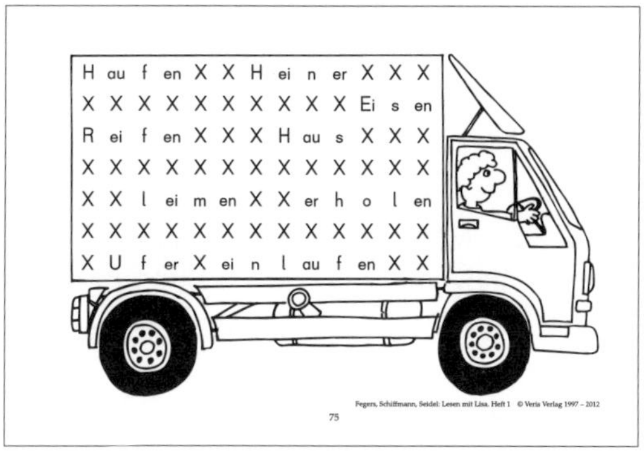

- Wörter mit gelben Filz- oder Buntstiften markieren, lesen und aufschreiben.

76/77 Lange Wörter

(s. Heft 1, S. 40/41)

78 ▽ Auswendig

(s. Heft 1, S. 46)

79 Silbenboote

(s. Heft 1, S. 42)

80 Bingo

(s. Heft 1, S. 39)

81 Suche die Silben!

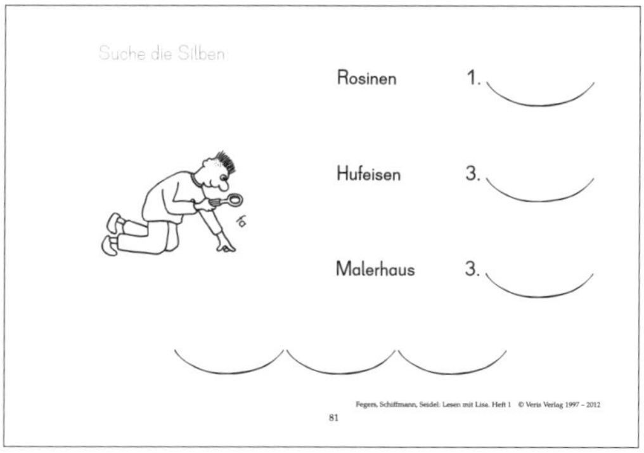

- Wörter durch Silbenbögen gliedern,
- Silben nummerieren,
- gesuchte Silbe aufschreiben.

Alle gefundenen Silben hintereinander geschrieben ergeben ein neues Wort.

82 – 85 Unsinnsätze und -fragen

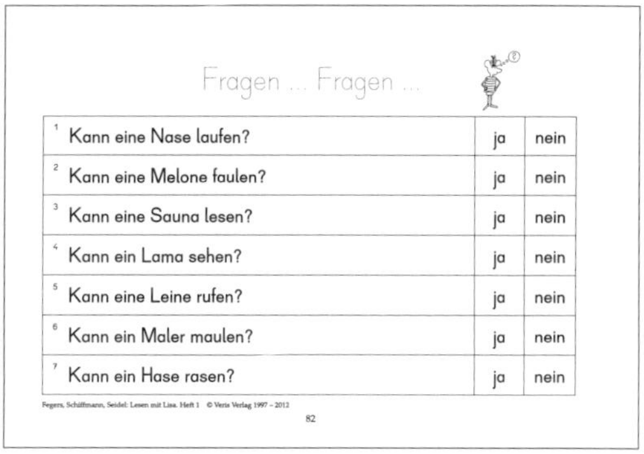

Als Hinführung zum sinnentnehmenden Lesen haben sich Unsinnsätze bzw. -fragen bewährt. Den Kindern sind nicht alle verwendeten Begriffe geläufig, so dass eine inhaltliche Klärung manchmal notwendig ist, die zudem der Wortschatzerweiterung dient.

86 Lesetext

87 – 95 Anhang

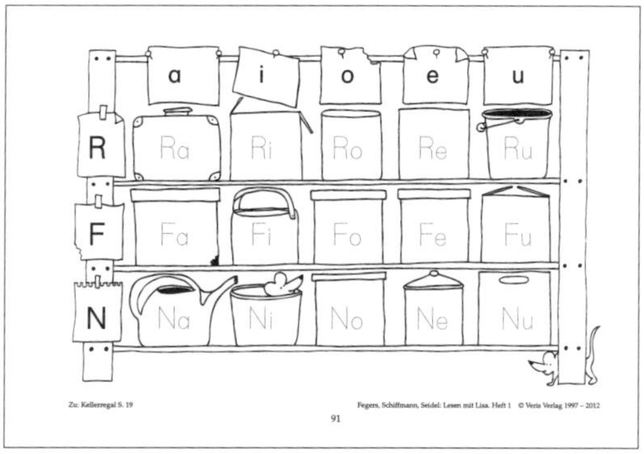

Der Anhang enthält den vollständigen Koffer und das vollständige Kellerregal. Diese Vorlagen bieten verschiedene Arbeitsformen für leistungsschwächere Kinder an:

- Herstellen von Silbenkarten durch Ausschneiden,

– vereinfachte Spielmöglichkeit des Vorschlags zu Heft 1, S. 19.

Silbenkarten für die Wörterwäsche auf S. 26/27 bzw. S. 36/37.

Sei	se	Lau	se
Rei	le	Mei	la
Sei	ne	Au	le
Lei	fe	Ei	ne

Zu: Wörterwäsche S. 36/37 Fegers, Schiffmann, Seidel: Lesen mit Lisa. Heft 1 © Veris Verlag 1997 - 2012 95

Heft 2

1 Reime

– Leseübung,
– Auswendiglernen,
– auch als Diktat einsetzbar.

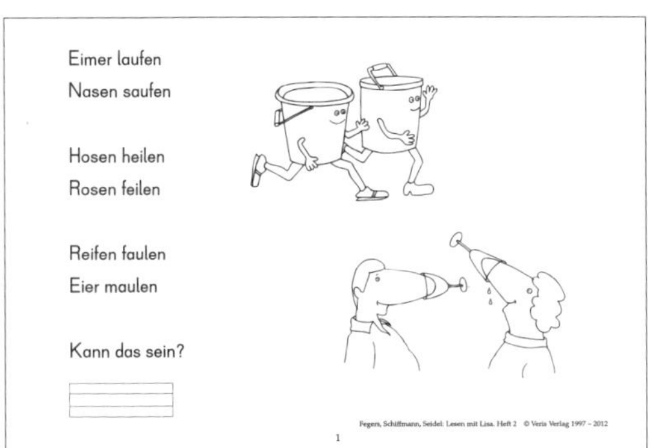

2 – 5 Sätze zuordnen

– Sätze erlesen,
– jeweils einen Satz zuordnen,
– aufschreiben.

6 Reime

– Reimwörter finden,
– die Wörter eintragen.

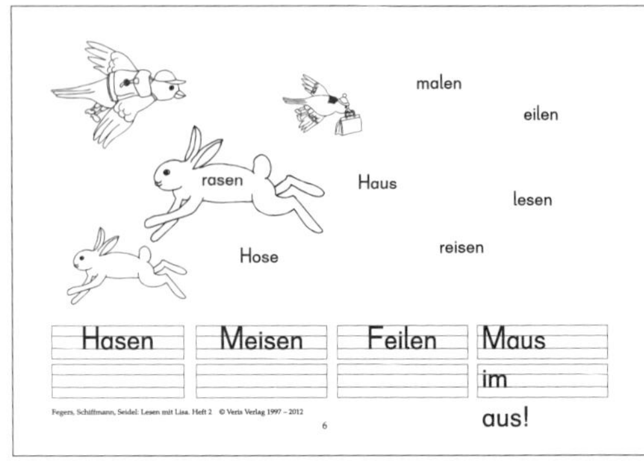

7 Wo ist Lisa?

(s. Heft 1, S. 29)

8 Buch

Einführung von ch²

9 Sofa

Einführung von ch¹

10 Silbenburg

(s. Heft 1, S. 31)

11 Pilot Milo

(s. Heft 1, S. 21)

12 Lesetürme

(s. Heft 1, S. 13)

13 Welches Wort passt?

(s. Heft 1, S. 38)

14/15 Namen

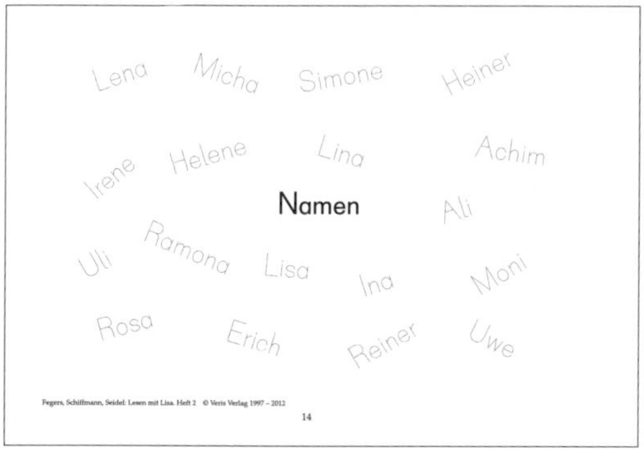

Wir schlagen vor:

- Namen lesen,
- Namen suchen lassen,
- Mädchen- und Jungennamen mit unterschiedlichen Farben nachspuren,
- für die Personen auf S. 15 Namen festlegen,
- Sätze formulieren,
- Sätze eintragen.

16/17 Lesetürme

(s. Heft 1, S. 13)

18/19 Wörterwäsche

(s. Heft 1, S. 26/27)

20 ▽ Grammatikübung

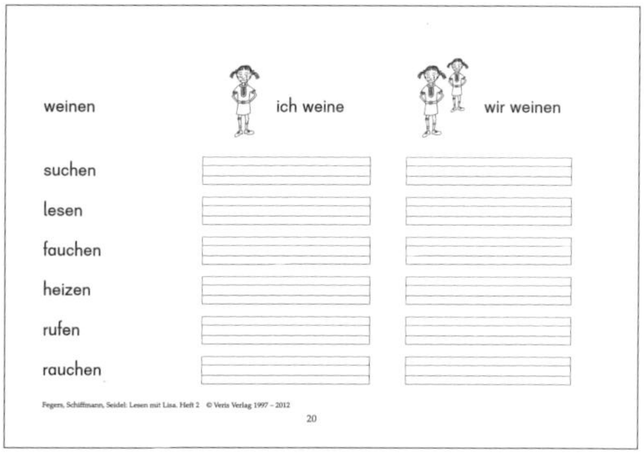

21 Achtung! Hier stimmt was nicht!

- durch Lesen sinnvolle Wörter erarbeiten,
- Unsinnwörter durchstreichen,
- sinnvolle Wörter ins Heft schreiben.

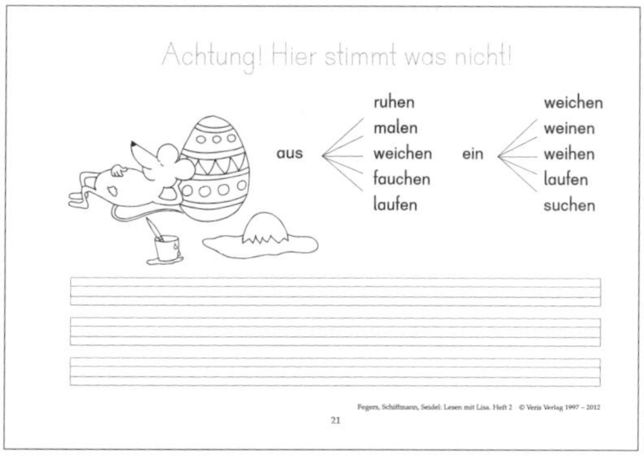

22/23 Artikel finden

(s. Heft 1, S. 68/69)

24 – 27 Sätze zuordnen

- Sätze aus dem Anhang (Heft 2, S. 85) erlesen,
- Sätze den Bildern zuordnen und eintragen,
- ▽ Sätze ohne Textvorlage erarbeiten und aufschreiben.

28 – 29 Was kann man essen?

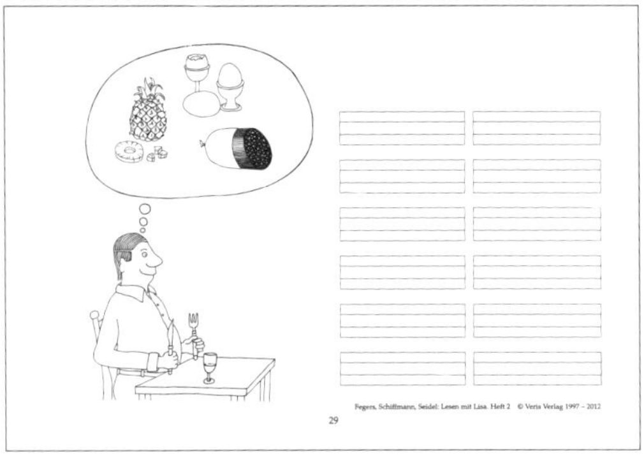

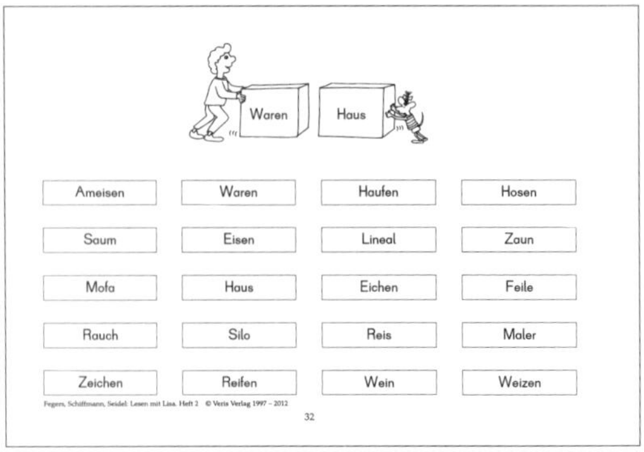

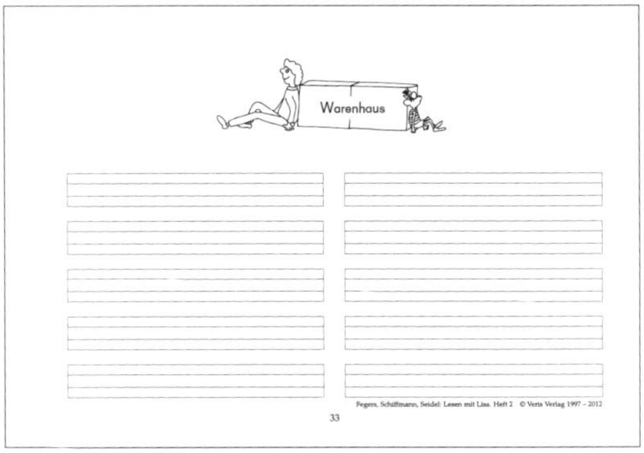

- Wörter erlesen,
- die Lebensmittel aufschreiben.

30 Wie viele Silben?
(s. Heft 1, S. 35)

31 Bingo
(s. Heft 1, S. 39)

32/33 Wörter schieben

Grundidee ist es, aus zwei Substantiven ohne jede Veränderung der Wörter ein neues Substantiv zu bilden. Wir schlagen zur Einführung vor:
- die linke Seite besprechen (Wörter lesen, die Schreibweise betrachten),
- anschließend die rechte Seite besprechen: Was ist passiert? Dabei auf die veränderte Schreibweise achten und den Unterschied herausarbeiten.

Das Zusammenschieben von Wörtern kann mit Wortkarten geübt werden.

Ob Punkte vergeben werden, sollte von der Homogenität der Gruppe abhängig gemacht werden.

34 Wörterlaster
(s. Heft 1, S. 75)

35 Suche die Bilder!
(s. Heft 1, S. 43)

36/37 Unsinnsätze und -fragen
(s. Heft 1, S. 82)

38 Auswendig
(s. Heft 1, S. 46)

39 Lesetext

40 Silbenburg
(s. Heft 1, S. 31)

41 Wo ist Lisa?
(s. Heft 1, S. 29)

42 Wimmelbild

42

Das Wimmelbild enthält vornehmlich Wörter bis Heft 2. Es ist zur Einführung dieser Wörter gedacht und bereitet das Fehlersuchbild auf S. 56/57 vor.

Wir schlagen vor:

- Unterrichtsgespräch über das Bild,
- Sammeln der Wörter.

Es sind zu finden: Tor, Kater, Kuchen, Opa, Kamel, Kamera, Foto, Laken, Pakete, Polizei, Lupe, Hupe, Polizeiauto. Außerdem können die Personen auch mit Namen benannt werden: Peter, Paul, Anita, Toni, Pauline, Monika, Niko …

43/44 Fragen zum Wimmelbild

- Fragen lesen,
- Fragen beantworten,
- Wörter eintragen, wo nötig.

? ? ?

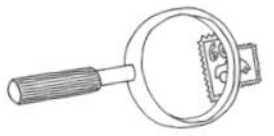

1 Sehen wir ein Polizeiauto?
2 Wer kann ein Kamel sehen?
3 „Tut, tut", macht Olaf mit seiner ......
4 Was sucht Paul mit seiner Lupe?
5 Wir suchen einen Kater? Wo ist er?
6 Hat Paul einen Hut auf?
7 Ist im Zaun ein Mauseloch?

43

8 Pakete, Pakete, wo sind Pakete?
9 Ist Susi im Tor? Nein, im Tor ist ....
10 Wo kann Opa eine Kamera kaufen?
11 Wir suchen ein Laken.
12 Wo ist der Kuchen?
13 Wer kann die Sonne sehen?
14 Wer kann alle Zeilen hier lesen?

44

45 Silben zu Wörtern verbinden
(s. Heft 1, S. 34)

46 Lesetürme
(s. Heft 1, S. 13)

47 Reime

- Reimwörter finden und eintragen.

48/49 Artikel finden
(s. Heft 1, S. 68/69)

50 Wie viele Silben?
(s. Heft 1, S. 35)

51 Suche die Bilder!
(s. Heft 1, S. 43)

52/53 Wörterwäsche
(s. Heft 1, S. 26/27)

54 Grammatikübung

ein? eine? einen?

1	Anita hat		Kaninchen.
2	Timo hat		Maus.
3	Kati hat		Meise.
4	Reiner hat		Kater.
5	Micha hat		Laus.
6	Monika hat		Hasen.
7	Peter hat		Raupe.

54

55 Bingo
(s. Heft 1, S. 39)

56/57 Fehlersuchbild

- mündliche Erarbeitung,
- Unterschiede benennen und markieren.

58 Grammatikübung

59 Lesetürme

(s. Heft 1, S. 13)

60/61 ▽ Tuwörter?

Tuwörter?

tauchen	teilen	weit	heiter
kaum	heiraten	hupen	hauchen
super	taufen	hoch	laut
reiten	weinen	suchen	weiter
kein	kauen	rot	sauer
sehen	weich	heil	raten

60

Vielen Kindern fällt die Unterscheidung der Wortarten extrem schwer. Das Wortmaterial ist hier in vier Blöcke eingeteilt, so dass nach Bedarf auch reduziert werden kann.

- die Wörter erlesen, bestimmen und aufschreiben lassen.

62/63 Lange Wörter

(s. Heft 1, S. 40/41)

64 Grammatikübung

65 Auswendig

(s. Heft 1, S. 46)

66 Rätsel

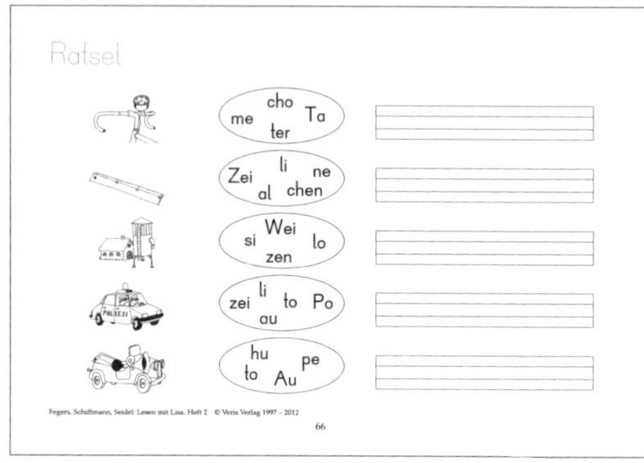

67 Grammatikübung

68/69 Wörter schieben

(s. Heft 2, S. 32/33)

70 Suche die Silben!

(s. Heft 1, S. 81)

71 Satzmuster

(s. Heft 1, S. 74)

72 – 74 Unsinnsätze und -fragen

(s. Heft 1, S. 82 – 85)

75 Mein Kaninchen

1 Mein Kaninchen

2 Mein Name ist Heiko.
3 Mein Opa hat Kaninchen im Hof.
4 Acht Kaninchen hat er.
5 Ich sehe mir Opas Kaninchen an.
6 Ich suche mir ein kleines Kaninchen aus.
7 Sein Fell ist weich.
8 Sein Name soll „..............................." sein.
9 Im Kaufhaus kaufe ich Futter:
10 Salat, Lauch, Rosinen und Karotten.
11 Am Mittwoch kann ich mein Kaninchen holen.
12 Ein Kaninchen ist toll.

75

- Sätze lesen,
- Kaninchennamen schreiben.

76/77 Puzzle

Die hier benutzten Wörter werden als bekannt vorausgesetzt.

– Wörter lesen und zusammensetzen.

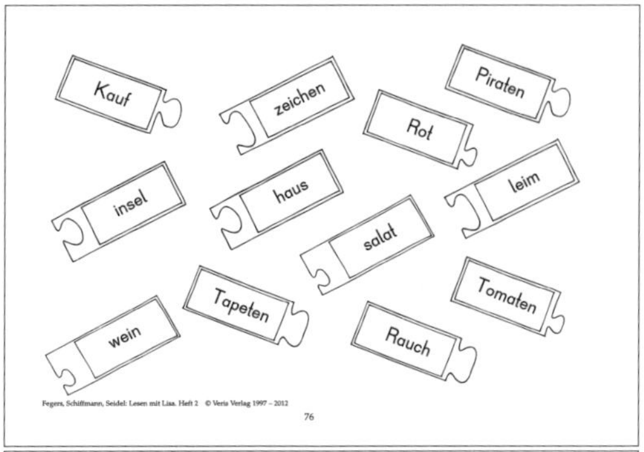

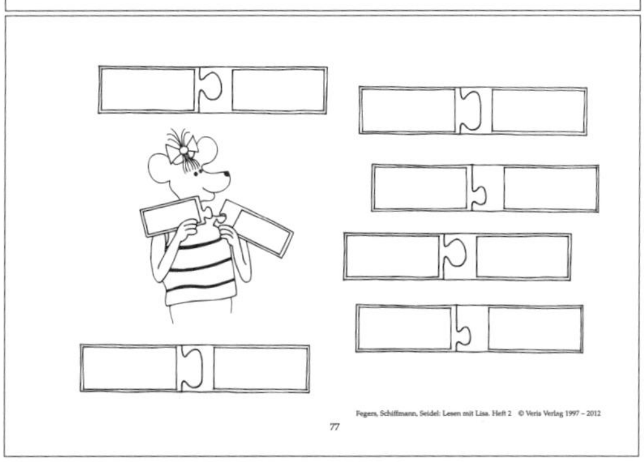

78 Lesetext

79 – 89 Anhang

Wir sehen Heino am Zaun.
Wir sehen ein Loch im Zaun.
Wir sehen Lisa im Eimer.
Wir sehen eine Ameise am Eimer.
Wir sehen Lisa im Haus.
Wir sehen ein Mofa am Haus.
Wir sehen eine Maus am Ufer.
Wir sehen einen Reifen am Ufer.

Zu: Was sehen wir? S. 24 – 27 Fegers, Schiffmann, Seidel: Lesen mit Lisa. Heft 2 © Veris Verlag 1997 – 2012
85

Im Anhang finden sich u. a. die vollständigen Sätze zu „Was sehen wir?" (s. Heft 2, S. 24–29), ebenso Karten zum Ausschneiden für die Wörterwäsche- und Wörterschieben-Spiele auf den Seiten 18 / 19, 32 / 33, 52 / 53 und 68 / 69.

Ameisen	Waren	Haufen	Hosen
Saum	Eisen	Lineal	Zaun
Mofa	Haus	Eichen	Feile
Rauch	Silo	Reis	Maler
Zeichen	Reifen	Wein	Weizen

Zu: Wörter schieben S. 32/33 Fegers, Schiffmann, Seidel: Lesen mit Lisa. Heft 2 © Veris Verlag 1997 – 2012
87

Heft 3

1 Dodo und Bubi

Die Figuren Dodo und Bubi sind als Merkhilfen entwickelt worden. Bubi isst ungesund und auch reichlich und trägt deshalb einen dicken „Bauch" vor sich her. Dodo lebt ebenso ungesund, aber sie ernährt sich einseitig von Diätlimonade, die sie in ihrem „Rucksack" stets mit sich herumschleppt. Das witzige Aussehen der beiden Figuren und ihr extremes Konsumverhalten hilft den Kindern, diese Buchstaben zu bestimmen.

2 – 4 Dodo und Bubi

Die Texte sind nicht als Lesetexte, sondern als „Merksprüche" gedacht, die in der Regel vorgelesen werden müssen. Es bietet sich an, die Figuren unterschiedlich auszumalen und die Hohlschriftbuchstaben nachzuspuren; dabei ist es sinnvoll, die jeweiligen Farben für *b* und *d* festzulegen und auch in der weiteren Arbeit so zu benutzen. Das Aufhängen der ggf. vergrößerten Abbildungen im Unterrichtsraum oder die Verwendung von Handkarten zur ständigen Verfügung sind für einige Kinder eine notwendige Hilfestellung. Vorlagen dafür finden sich ab S. 43 im Anhang dieser Anleitung.

5/6 Mäusekombo / Heino und Gans

- Sprechblasen lesen,
- verschiedene Zeilen abschreiben,
- als Geheimzeichen üben.

7 Silbenburg
(s. Heft 1, S. 31)

8 Wo ist Lisa?
(s. Heft 1, S. 29)

9 Silben zu Wörtern verbinden
(s. Heft 1, S. 34)

10 Wörter bauen
(s. Heft 1, S. 63)

11 Suche die Bilder!
(s. Heft 1, S. 43)

12 Lesetürme
(s. Heft 1, S. 13)

13 Verbenlaster
(s. Heft 1, S. 65)

14/15 Zirkus

- Text mit Geheimzeichen lesen,
- Frage beantworten: „Was könnte man noch sehen?",
- Satz beenden.

16/17 Artikel finden
(s. Heft 1, S. 68/69)

18 Reime

- Reimwörter finden.

19 Welcher Laut passt?

- Farben für *b* bzw. *p* festlegen; Überschrift nachspuren,
- durch Ausprobieren und deutliches Artikulieren die fehlenden Buchstaben bestimmen,
- Buchstaben und Wörter eintragen.

20/21 Lückensätze ausfüllen

22 Maus im Tor

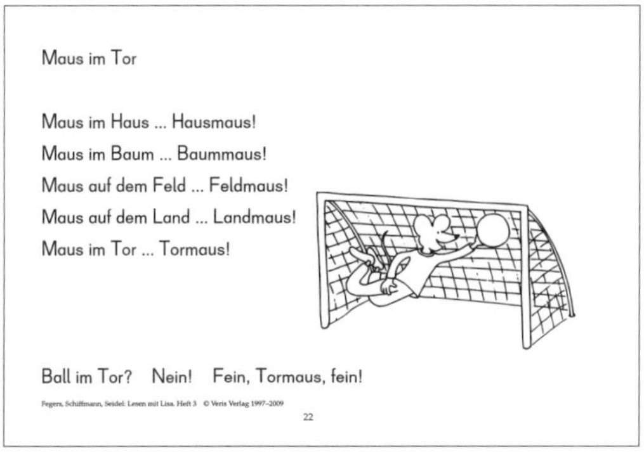
Maus im Tor

Maus im Haus ... Hausmaus!
Maus im Baum ... Baummaus!
Maus auf dem Feld ... Feldmaus!
Maus auf dem Land ... Landmaus!
Maus im Tor ... Tormaus!

Ball im Tor? Nein! Fein, Tormaus, fein!

Fegers, Schiffmann, Seidel: Lesen mit Lisa. Heft 3 © Veris Verlag 1997–2009

22

- Text mit Geheimzeichen lesen,
- weitere zusamengesetzte Wörter erfinden und aufschreiben.

23 Bingo

(s. Heft 1, S. 39)

24/25 Reime

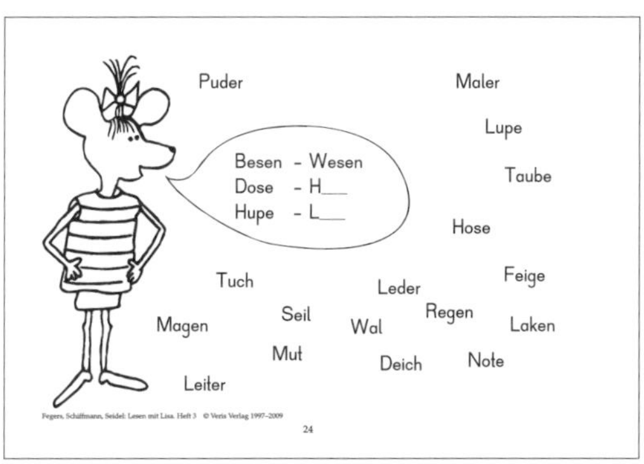

Fegers, Schiffmann, Seidel: Lesen mit Lisa. Heft 3 © Veris Verlag 1997–2009

24

- Reimwörter finden und eintragen.

26 Welcher Laut passt?

(s. Heft 3, S. 19)

27 Wörterlaster

(s. Heft 1, S. 75)

28/29 Auf dem Dach

Auf dem Dach
Da ist eine Leiter am Haus.
Wer ist auf dem Dach?
Das ist doch Udo!
Was macht Udo auf dem Dach?
Udo sucht Omas Hut!
Wo ist der Hut?
Da, auf dem Kamin!
Was ist das?
Da ist doch Mamas Seidentuch!
Udo holt den Hut.
Udo holt auch das Tuch.

Fegers, Schiffmann, Seidel: Lesen mit Lisa. Heft 3 © Veris Verlag 1997–2009

28

Wo ist die Leiter?

Wo ist Omas Hut?

Was ist noch auf dem Dach?

Was macht Udo?

Fegers, Schiffmann, Seidel: Lesen mit Lisa. Heft 3 © Veris Verlag 1997–2009

29

- Sätze lesen,
- Antworten in die Zeilen schreiben.

30 Wie viele Silben?

(s. Heft 1, S. 35)

31 Achtung! Hier stimmt was nicht!

(s. Heft 2, S. 21)

32 Welcher Laut passt?

(s. Heft 3, S. 19)

33 Badeteich

- alle abgebildeten Begriffe markieren und aufschreiben.

34/35 Satzmuster
(s. Heft 1, S. 74)

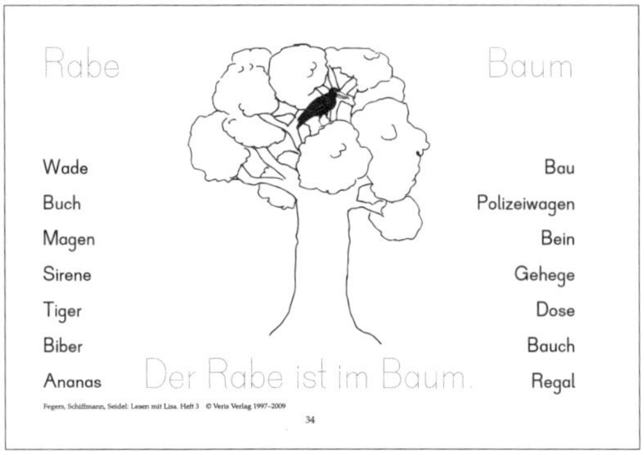

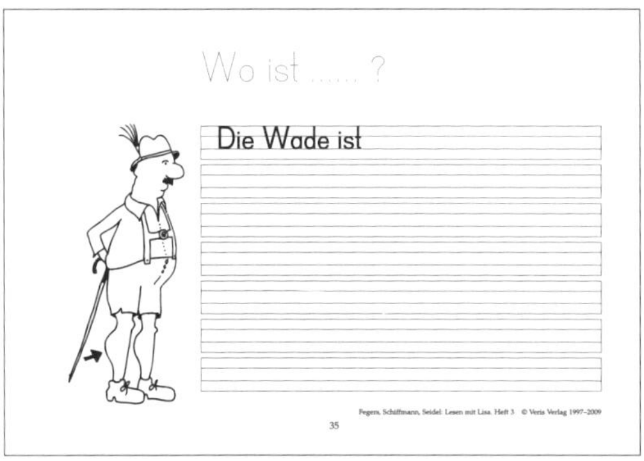

36/37 Wörter schieben
(s. Heft 2, S. 32/33)

38/39 Unterscheidung von g/k und p/b

40/41 Satzmuster
(s. Heft 1, S. 74)

42/43 Kreuzworträtsel

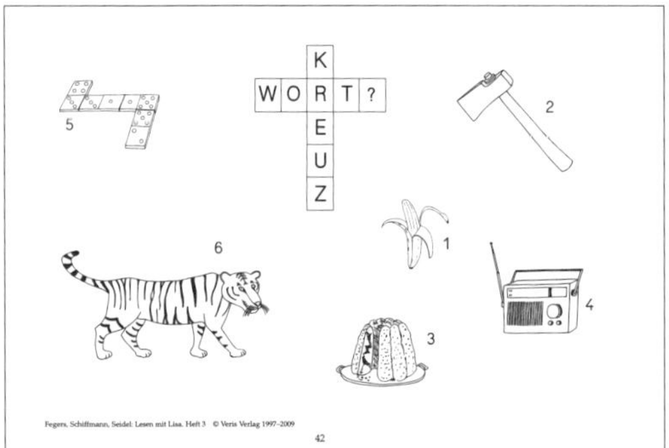

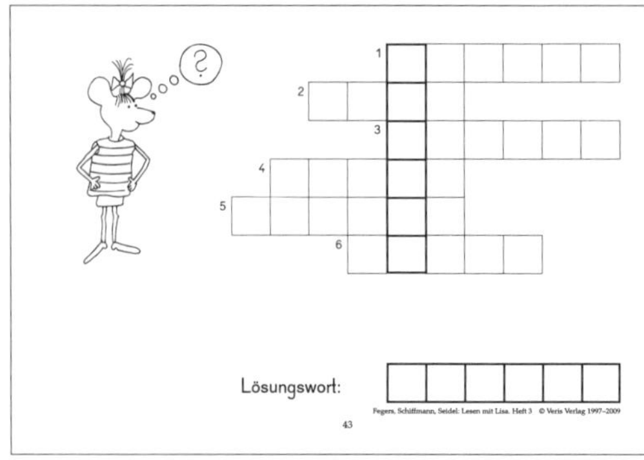

44–47 Fragen ... Fragen ... / Kann das denn stimmen?
(s. Heft 1, S. 82 – 85)

48 Achtung! Hier stimmt was nicht!
(s. Heft 2, S. 21)

49 Lesetext „Baden“

50 Wo ist Lisa?
(s. Heft 1, S. 29)

51 Wörter bauen
(s. Heft 1, S. 63)

52 Zwei Silben zu Wörtern verbinden
(s. Heft 1, S. 34)

53 Welches Wort passt?
(s. Heft 1, S. 38)

54/55 Artikel finden
(s. Heft 1, S. 68/69)

56 Welcher Laut passt?
(s. Heft 3, S. 19)

57 Wörter bauen
(s. Heft 1, S. 63)

58 Auf dem Baum

- Text mit Geheimzeichen lesen,
- Geschichte weiter ausbauen.

Auf dem Baum

Im Park ist eine alte Eiche.
Auf dem Baum sind Raben, Tauben und Meisen.
Auf der Eiche ist ein Baumhaus.
Drei Dosen Limo sind im Baumhaus.
Was noch?
Eine Rolle Kekse, ein altes Radio, eine faule Banane. Fies!
Unten im Baum ist ein Loch.
Wer ist darin?
Ameisen? Biber?
Nein, eine kleine Maus, eine Baummaus.
Leise, leise, sonst ist sie weg.

Fegers, Schiffmann, Seidel: Lesen mit Lisa. Heft 3 © Veris Verlag 1997–2009

58

59 Welcher Laut passt?

(s. Heft 3, S. 19)

60/61 Udo Weber war baden

– Wörter den Abbildungen zuordnen.

62 Wie viele Silben?

(s. Heft 1, S. 35)

63 Autoreparatur (Lesetext)

64 Auto?

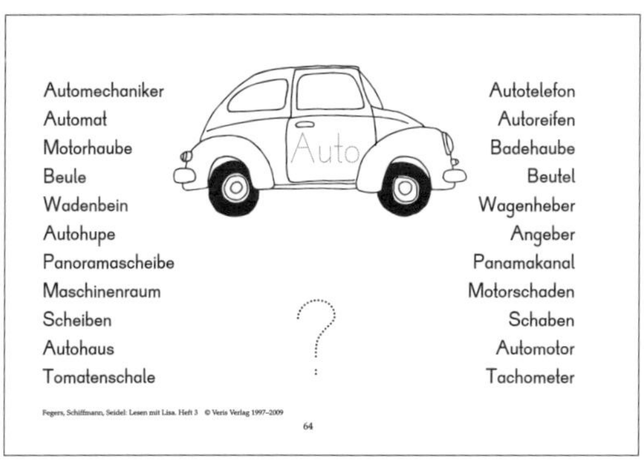

– Begriffe markieren, aufschreiben.

65 Achtung! Hier stimmt was nicht!

(s. Heft 2, S. 21)

66/67 Wörter schieben

(s. Heft 2, S. 32/33)

68/69 Meine neue Schule (Lesetext mit Fragen)

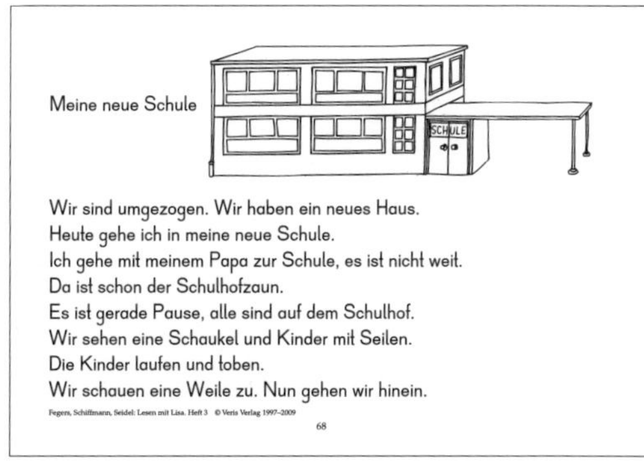

Meine neue Schule

Wir sind umgezogen. Wir haben ein neues Haus.
Heute gehe ich in meine neue Schule.
Ich gehe mit meinem Papa zur Schule, es ist nicht weit.
Da ist schon der Schulhofzaun.
Es ist gerade Pause, alle sind auf dem Schulhof.
Wir sehen eine Schaukel und Kinder mit Seilen.
Die Kinder laufen und toben.
Wir schauen eine Weile zu. Nun gehen wir hinein.

Fegers, Schiffmann, Seidel: Lesen mit Lisa. Heft 3 © Veris Verlag 1997–2009

68

70/71 Satzmuster „Ich sehe …"

(s. Heft 1, S. 74)

In diesem Satzmuster handelt es sich um Wörter aus dem Übungsbereich, die hier „gesehen" werden können: Schule, Scheiben, Mauer, Tafel, Schaukel, Tasche, Baum, Beutel, Schere, Bananenschale, Schuhe, Dose, Zaun, Schulhof, Schulhoftor, Leuchten, Buben.

72/73 Satzmuster

(s. Heft 1, S. 74)

74/75 Puzzle

(s. Heft 2, S. 76/77)

76/77 Ich lege … (Satzmuster)

(s. Heft 1, S. 74)

78/79 Kann das denn stimmen? / Fragen … Fragen …

(s. Heft 1, S. 82 – 85)

80/81 Kreuzworträtsel

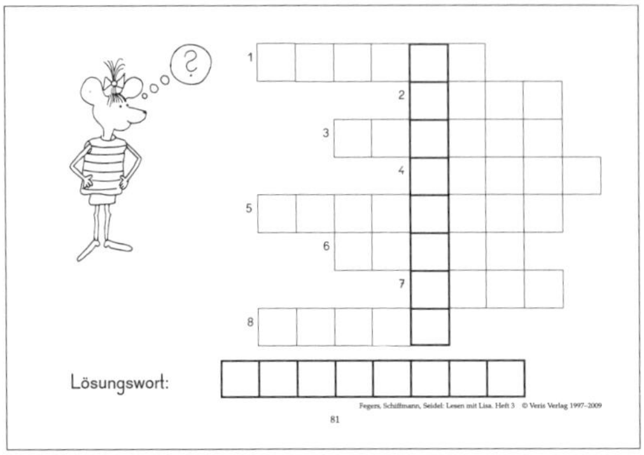

82 Unsinnsätze und -fragen
(s. Heft 1, S. 82 – 85)

83 Schreibsäule
(s. Heft 1, S. 23)

84/85 Lesetext

89/91 Anhang mit Wörterkarten

Der Anhang enthält Karten zum Ausschneiden für das Wörterschieben-Spiel auf den Seiten 36/37 und 66/67.

Haus	Boden	Geigen	Aufgaben
Regen	Musik	Dach	Bogen
Hose	Leder	Auto	Radio
Buch	Polizei	Bikini	Zeiger
Tuch	Wagen	Minuten	Damen

Zu: Wörter schieben S. 36/37 Fegers, Schiffmann, Seidel: Lesen mit Lisa. Heft 3 © Veris Verlag 1997–2009
89

Schokolade	Hebel	Schuhe	Heu
Leder	Kuchen	Gabel	Nagel
Schere	Maschinen	Schale	Haufen
Tomaten	Eis	Beutel	Bananen
Schaden	Kugel	Lager	Feuer

Zu: Wörter schieben S. 66/67 Fegers, Schiffmann, Seidel: Lesen mit Lisa. Heft 3 © Veris Verlag 1997–2009
91

Heft 4

1 Lesetext

2/3 Wörter ordnen
(v – j – ß)

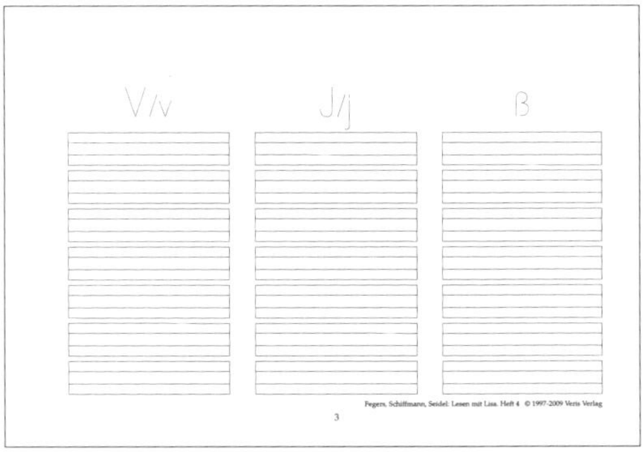

Diese Seiten dienen zur Einführung der neuen Buchstaben und zum Klären der oftmals unbekannten Begriffe.

– Begriffe zuordnen und eintragen.

4/5 Artikel finden
(s. Heft 1, S. 68/69)

6 Wie viele Silben?
(s. Heft 1, S. 35)

7 ▽ Lesetext

8/9 Satzmuster
(s. Heft 1, S. 74)

10/11 Welcher Laut passt?
(s. Heft 3, S. 19)

12 Wie ist ...?

Wie ist ...

geheim neu sauber weiß scheu weich teuer eitel heiß gemein

1 Die Daunenfeder ist	6 Meine Schuhe sind ....
2 Mein Seidenschal war	7 Die Gauner sind ....
3 Meine Hose ist noch	8 Meine Kusine ist ....
4 Eulen sind	9 Segel sind oft............................
5 Im Juli ist es oft	10 Diese Zeichen sind ....

12

– Sätze vervollständigen.

13 Reime
(s. Heft 2, S. 1)

Jedes Telefon hat ein Kabel,
jeder Bauch hat einen Nabel.

An der Leine ist der Pudel,
in der Soße ist die Nudel.

Jeder Vogel hat 'ne Feder,
jedes Sofa ist aus Leder.

An der Hose sind zwei Beine,
eine Dose, die hat keine.

Oh, ein Fehler ist dabei,
nein,
nicht einer, sondern zwei!

13

14 Fragen ... Fragen ...
(s. Heft 1, S. 82 – 85)

15 Mein Vater

- Text mit Geheimzeichen lesen,
- Wörter mit V herausschreiben,
- mehr Wörter mit V finden.

Mein Vater

Es ist Pause.
Die Kinder sind auf dem Hof.
Volker sagt:
„Mein Vater ist toll!
Mein Vater ist Torwart bei Werder Bremen!
Mein Vater hat einen Koffer voll Gold
und einen roten Jaguar!"

„Alles klar", sagt Verena.
„Dein Vater ist toll, aber du hast einen Vogel!"

15

16 Kann das denn stimmen?

(s. Heft 1, S. 82 – 85)

17 Engel oder Bengel?

Engel oder Bengel?

In unserem Haus wohnt Jojo.
„Der wilde Jojo" rufen alle.
Jojo macht seine Hausaufgaben nicht.
Jojo raucht heimlich unten im Keller.
Jojo haut kleine Kinder.
Jojo hat gestern meine Schokolade geklaut.
„Jojo ist ein Bengel!", sagen alle im Haus. Alle?
Oben unter dem Dach wohnt Frau Jensen.
Sie ist schon alt und kann nicht gut gehen.
Jojo holt ihr die Post aus dem Kasten.
Jojo kauft im Supermarkt ein.
Jojo macht bei ihr sauber.
Frau Jensen sagt: „Jojo ist ein Engel!"

17

- Text mit Geheimzeichen lesen,
- Wörter mit J herausschreiben,
- mehr Wörter mit J finden.

18/19 ▽ Satzmuster

(s. Heft 1, S. 74)

20/21 Unsinnsätze und -fragen

(s. Heft 1, S. 82 – 85)

22/23 Schiffe aus Papier

- Text lesen,
- Antworten aufschreiben.

Schiffe aus Papier

Am Montag falten die Kinder in der Schule Schiffe aus Papier.
Frau Jonas sagt: „Erst falten, dann sauber ausmalen!"
Jan malt seinem Schiff einen Anker.
Regina malt drei Bullaugen.
Das Schiff von Janina wird ganz bunt.
Simon hat keine Lust.
„Los, Junge! Mach weiter!", ruft Frau Jonas.
Endlich sind alle Schiffe angemalt.
Frau Jonas bindet an jedes Schiff eine lange Schnur.
Dann gehen alle zusammen zum Bach.
Alle Kinder wollen ihr Schiff schwimmen lassen.
„Vorsicht, Jasmin!", ruft Frau Jonas. „Vorsicht!"
Platsch! - ???

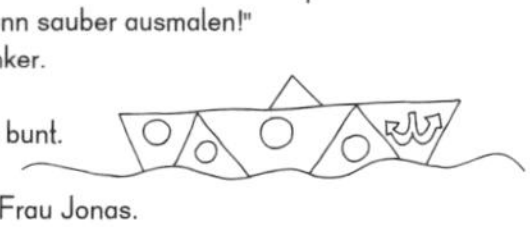

22

Was machen die Kinder am Montag?

Sie

Was malt Jan?

Er

Wohin gehen die Kinder?

Sie

Was machen sie dort?

Sie

23

24/25 Kreuzworträtsel

26/27 Wörter ordnen
(*ä – ü – ö*; s. Heft 4, S. 2/3)

28/29 Artikel finden
(s. Heft 1, S. 68/69)

30 Bücher, Tücher

Bücher	Tücher
Lesebücher	Küchentücher
Rechenbücher	Handtücher
Schulbücher	Papiertücher
Telefonbücher	Badetücher
Taschenbücher	Taschentücher
Kinderbücher	Seidentücher
Tierbücher	Halstücher
Bilderbücher	...
Malbücher	
Kochbücher	
Rätselbücher	

30

- Text lesen,
- weitere Wörter finden,
- Fragen aus dem Anhang (Heft 4, S. 89) schreiben und beantworten.

31 Satzmuster

geigen, saufen, kauen, sägen 	beißen, lügen, fauchen, reißen 
ruhen, jagen, laufen, nähen 	heiraten, überlegen, üben, tauschen 
lesen, jaulen, löten, mähen 	überholen, verfaulen, hupen, rasen 

31

- sinnvolle Sätze bilden und aufschreiben.

32 Wohin?

Wohin?

Halte dich fest, Lisa,
halt' dich gut fest!
Der Wind will dich tragen,
über das Land, über das Meer!
Nach China, nach Amerika,
wer weiß?

32

- Text lesen,
- Ländernamen sammeln.

33 Achtung! Hier stimmt was nicht!
(s. Heft 2, S. 21)

34 Welcher Laut passt?
(s. Heft 3, S. 19)

35 Lesetext

36/37 Wörter schieben
(s. Heft 2, S. 32/33)

38/39 Lagerfeuer (Lesetext mit Fragen)

- Text lesen,
- Fragen beantworten.

Lagerfeuer

Schule aus! Wochenende!
Am Freitag bauen Peter und Lukas ein Zelt in Opas Garten auf.
Mama hat Nudelsalat gemacht und Limo gekauft.
Am Nachmittag rudern die beiden in einem alten Kanu auf dem Ententeich herum. Mutige Piraten!
Um neun Uhr wird es dunkel. Lukas und Peter machen ein Lagerfeuer.
Toll, wie die Funken fliegen!
Kurz nach zehn kommt Oma aus dem Haus. „Feierabend!", ruft sie. „Macht das Feuer aus und geht schlafen!"
Schade!

38

40/41 Unsinnsätze und -fragen
(s. Heft 1, S. 82 – 85)

42/43 Udo Webers Menü

- möglichst ungenießbare Menüs zusammenstellen und ins Heft schreiben.

44/45 Puzzle
(s. Heft 2, S. 76/77)

46/47 Unsinnsätze und -fragen
(s. Heft 1, S. 82 – 85)

48 Lückensätze

– Satzlücken ausfüllen.

49 Wie viele Silben?
(s. Heft 1, S. 35)

50/51 Kreuzworträtsel

52/53 Satzmuster

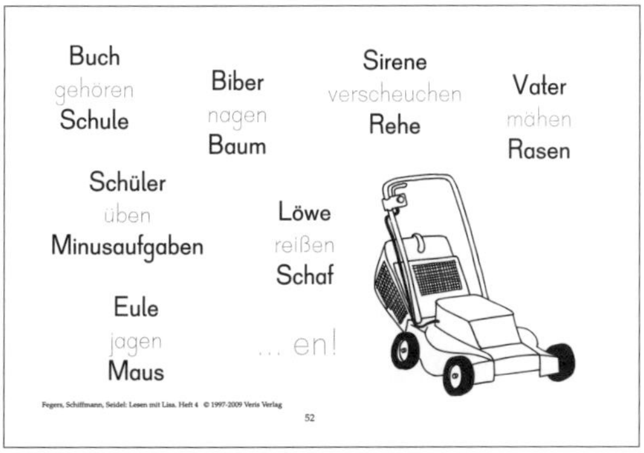
Buch
gehören
Schule

Biber
nagen
Baum

Sirene
verscheuchen
Rehe

Vater
mähen
Rasen

Schüler
üben
Minusaufgaben

Löwe
reißen
Schaf

Eule
jagen
Maus

... en!

Fegers, Schiffmann, Seidel: Lesen mit Lisa. Heft 4 © 1997-2009 Veris Verlag
52

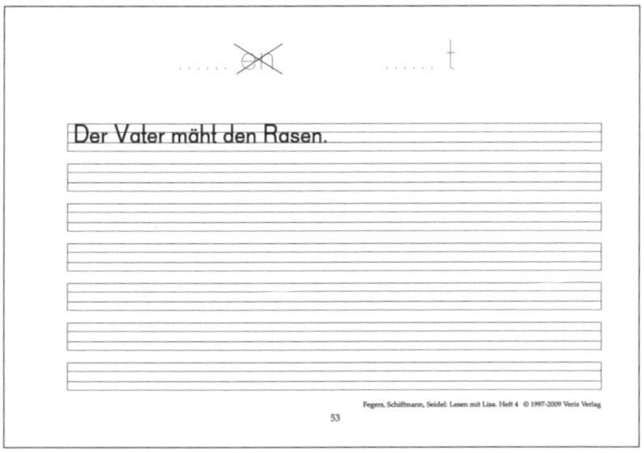
...... ~~en~~ ...... t

Der Vater mäht den Rasen.

Fegers, Schiffmann, Seidel: Lesen mit Lisa. Heft 4 © 1997-2009 Veris Verlag
53

54/55 Wörter ordnen
(*qu – x – y*; s. Heft 4, S. 2/3)

56/57 Bildergeschichte

– Sätze der Handlung der Bildgeschichte entsprechend ordnen.

58 – 61 Satzmuster
(s. Heft 1, S. 74)

62/63 Die Hexe Maxi / Max Beule

Die Hexe Maxi

Die Hexe Maxi heißt eigentlich Maximiliane.
Ein langer Name, findet ihr nicht auch?
Deshalb sagen alle anderen in der Hexenschule Maxi zu ihr.
Hexenschule?
Na klar, Hexen müssen auch zur Schule gehen!
Und was lernen sie da?
Lesen im Hexenbuch,
Reiten auf dem Hexenbesen,
Kopftücher binden,
Zaubersuppen kochen
und noch viele andere wichtige Sachen.
Die Hexe Maxi ist erst im 2. Hexenschuljahr,
aber sie ist ja auch noch jung – erst 112 Jahre alt.

Fegers, Schiffmann, Seidel: Lesen mit Lisa. Heft 4 © 1997-2009 Veris Verlag
62

Max Beule

Max Beule ist Boxer. Leider ist er kein guter Boxer.
Max Beule verliert meistens.
Peng, ein Schlag auf die Nase!
Peng, ein linker Haken vor das Kinn!
Schon geht Max Beule zu Boden.
... acht, neun, zehn, aus! K. O.!
Ach, der arme Max, wie sieht er nur aus:
Ein Auge ist blau, im Gesicht klebt ein Pflaster,
seine Birne ist weich ...
Alle Leute fragen:
„Max, warum hörst du nicht auf zu boxen?"
Aber Max Beule lacht nur und sagt:
„Es ist doch so schön, wenn der Schmerz endlich nachlässt!"

Fegers, Schiffmann, Seidel: Lesen mit Lisa. Heft 4 © 1997-2009 Veris Verlag
63

– Texte lesen,
– Wörter mit X herausschreiben,
– Weitere Wörter mit X finden.

64 – 67 Satzmuster
(s. Heft 1, S. 74)

68 Lückensätze

– Satzlücken ausfüllen.

69 Fragen ... Fragen ...
(s. Heft 1, S. 82 – 85)

70 – 72 ▽ Satzmuster
(s. Heft 1, S. 74)

73 Suche die Silben!
(s. Heft 1, S. 81)

74/75 Unsinnsätze und -fragen
(s. Heft 1, S. 82 – 85)

76/77 Die Angel

– Text lesen,
– Fragen beantworten.

Die Angel

Heute ist Peter bei seinem Opa.
Opa hat eine neue Angel.
Am Abend sagt Opa:
„Sollen wir einen Fisch fangen?"
„Super!", ruft Peter. „Dann machen wir Fisch mit Pommes!!"
Mit der Angel und einem Eimer gehen die beiden los.
Da ist auch schon der Teich!
Schnell einen Wurm an den Haken
und die Angel auswerfen!
Und dann?
Warten, fangen, warten, fangen!
Was fangen die beiden?

Fegers, Schiffmann, Seidel: Lesen mit Lisa. Heft 4 © 1997-2009 Veris Verlag

76

Einen alten Schuh.
Eine rostige Zange.
Eine lange Hose mit Loch.
Keinen Fisch, nicht mal einen ganz kleinen!
„Egal!", ruft Opa. „Dann gibt es eben Fisch aus der Dose!"
„Aber mit Pommes!", ruft Peter.

Was fangen die beiden?

1 Sie fangen

2 Sie

3

Fegers, Schiffmann, Seidel: Lesen mit Lisa. Heft 4 © 1997-2009 Veris Verlag

77

78/79 Kreuzworträtsel

80/81 Satzmuster

(s. Heft 1, S. 74)

82 – 84 Lesetext mit Fragen zum Text

85 – 89 Anhang

Hier befinden sich Wörterkarten zum Ausschneiden zu der Übung „Wörter schieben" auf S. 36/37 und eine Frageseite zu „Bücher, Tücher" auf S. 30.

Bücher, Bücher, Bücher!

Mein Vater kocht gerne. In der Küche hat er viele ______________ .
In der Schule brauchen die Kinder
______________ und ______________ .
Kleine Kinder sehen sich gerne
______________ an.
Bei der Post kann man die neuen
______________ holen.
Peter hat Tiere sehr gern. In seinem Bücherregal sind viele
______________ .
Manche Bücher sind klein und leicht und passen in eine Jackentasche. Sie heißen
______________ .

Tücher, Tücher, Tücher!

Die Kinder trocknen in der Küche Becher und Teller ab. Sie haben
______________ .
Hast du in deiner Schultasche ein Paket
______________ ?
Heute wollen Peter und Lukas schwimmen. Sie brauchen Seife, Badehosen und ______________ .
Herr Schlau sagt:
„Jens, gehe bitte zum Hausmeister und hole zwei Pakete
______________ !"
Frau Weiß-Genau bastelt mit den Schülern für den Muttertag. Die Kinder bedrucken
______________ .

Zu Bücher, Tücher S. 30

89

Fegers, Schiffmann, Seidel: Lesen mit Lisa. Heft 4 © 1997-2009 Veris Verlag

Weiterführende Literatur

Böhm, O.; Kornmann, R. (Hrsg.):
Lesen und Schreiben in der Sonderschule. Weinheim 1993, 4. Auflage

Breitenbach, E.:
Material zur Diagnose und Therapie auditiver Wahrnehmungsstörungen. Würzburg 1995

Brügelmann, H.:
Kinder auf dem Weg zur Schrift. Lengweil-Oberhofen 1997, 6. Auflage

Deneke, S.:
Schriftspracherwerb. Lesen und Schreiben aus Sicht von Kindern und Jugendlichen mit Lernschwierigkeiten. Hamburg 2007

Dummer-Smoch, L.; Hackethal, R.:
Handbuch zum Kieler Leseaufbau. Kiel 2011, 8. Auflage

Haase, P. (Hrsg.):
Schreiben und Lesen sicher lehren und lernen. Dortmund 2000

Hackethal, R.:
Praxis zum Kieler Leseaufbau und Kieler Rechtschreibaufbau. Kiel 1995, 2. Auflage

Holler-Zittlau, I.; Dux, W.; Berger, R.:
Marburger Sprach-Screening für 1. Klasse / Vorschule (MSS). Ein Sprachprüfverfahren für Kindergarten und Schule. Buxtehude 2011, 6. Auflage

Jansen, H.; Mannhaupt, G.; Marx, H.; Skowronek, H.:
Bielefelder Screening zur Früherkennung von Lese- und Rechtschreib schwierigkeiten (BISC). Göttingen 2002, 2. Auflage

Milz, I.:
Sprechen, Lesen, Schreiben. Heidelberg 2001, 5. Auflage

Reuter-Liehr, C.:
Regelaufbau auf der Basis lautgetreuer Lese-Rechtschreibfähigkeit. Bochum 2011

Anhang

Vorlagen

Wo ist Lisa?

Kellerregal (leer)

Kellerregal (voll)

Handkarten

Bubi und Dodo

Wandkarten

Bubi und Dodo

au – ei – en – er

Mäuse

Silbentürme

Wo ist Lisa?

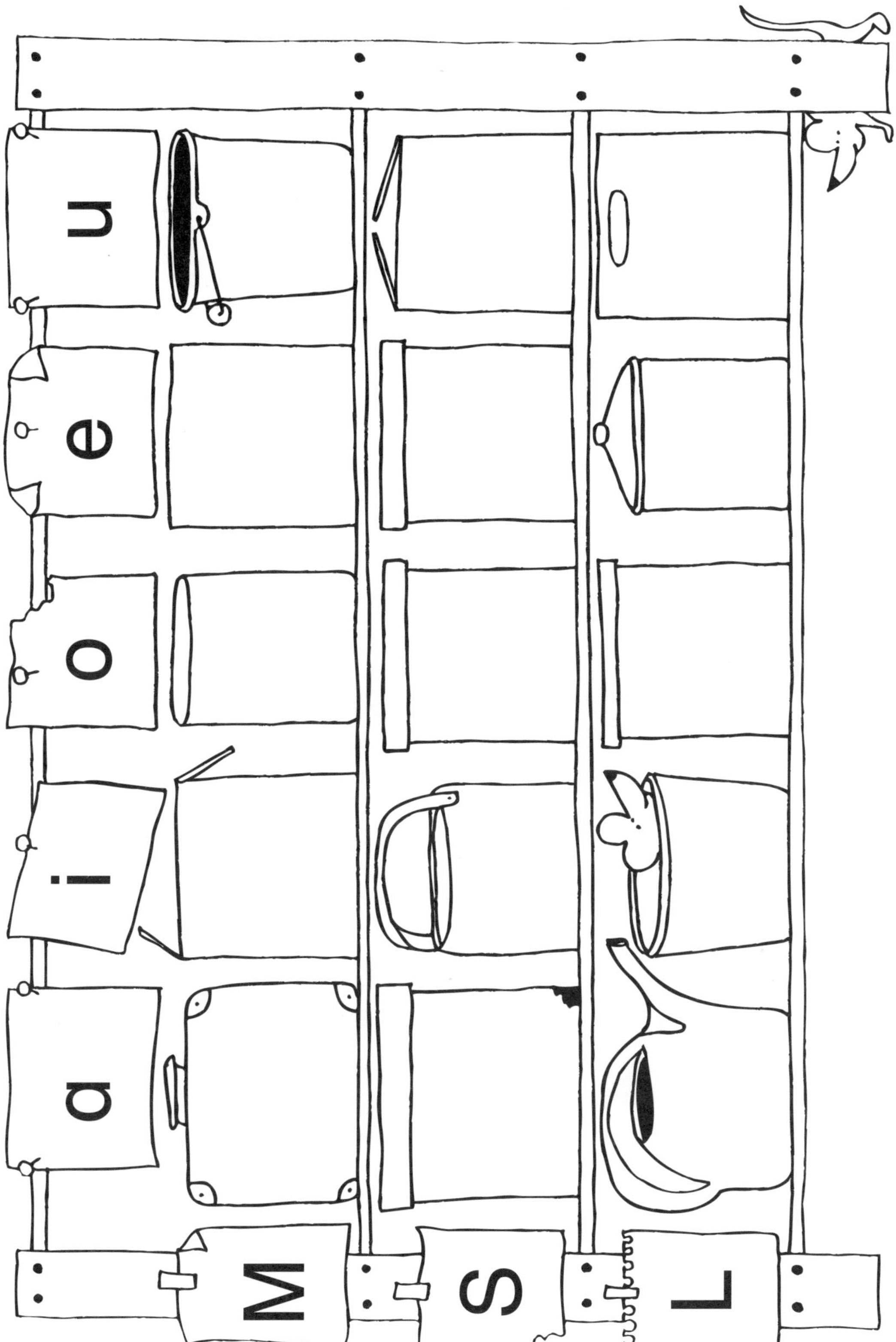
a
i
o
e
u
M
S
L

M
S
L
a
i
o
e
u
Ma
Mi
Mo
Me
Mu
Sa
Si
So
Se
Su
La
Li
Lo
Le
Lu

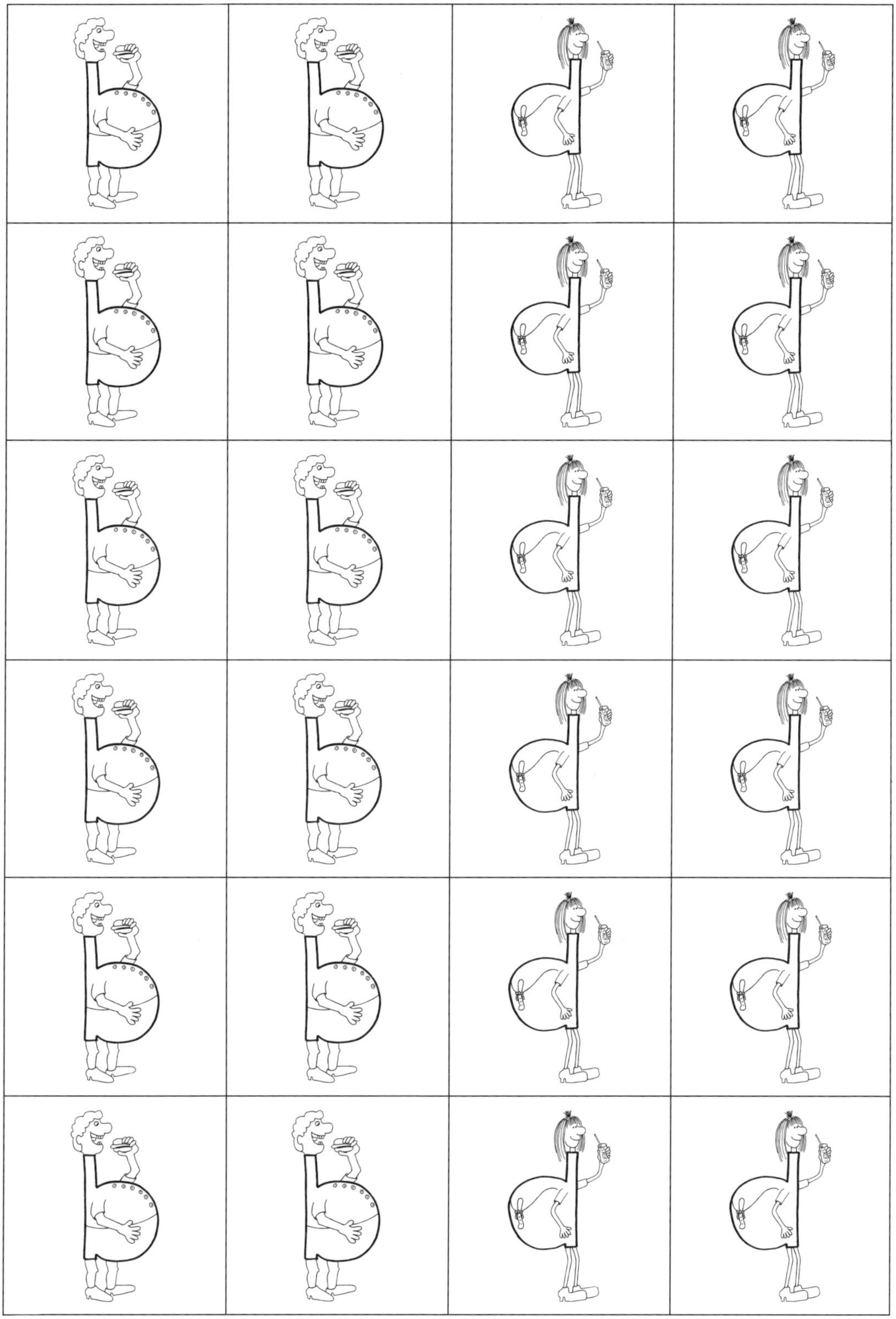

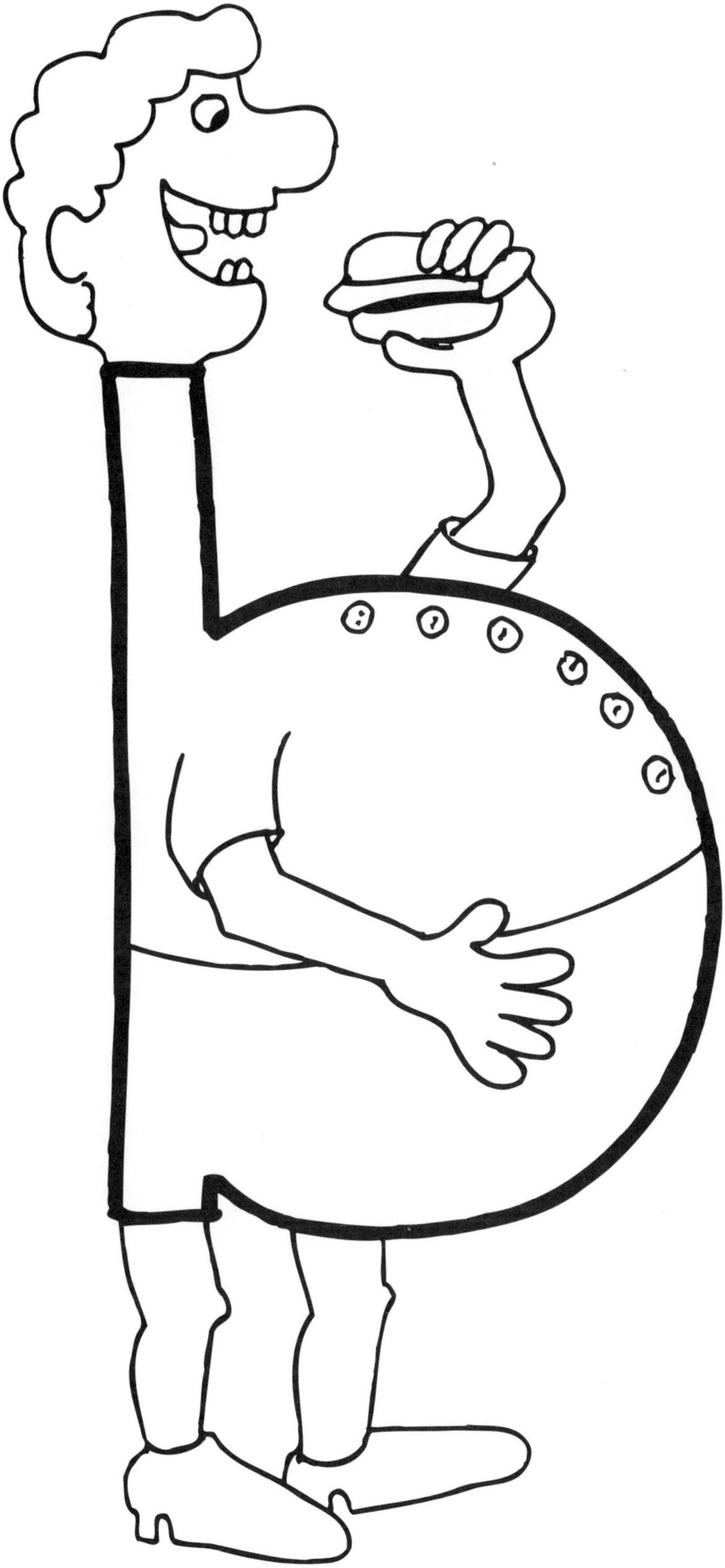

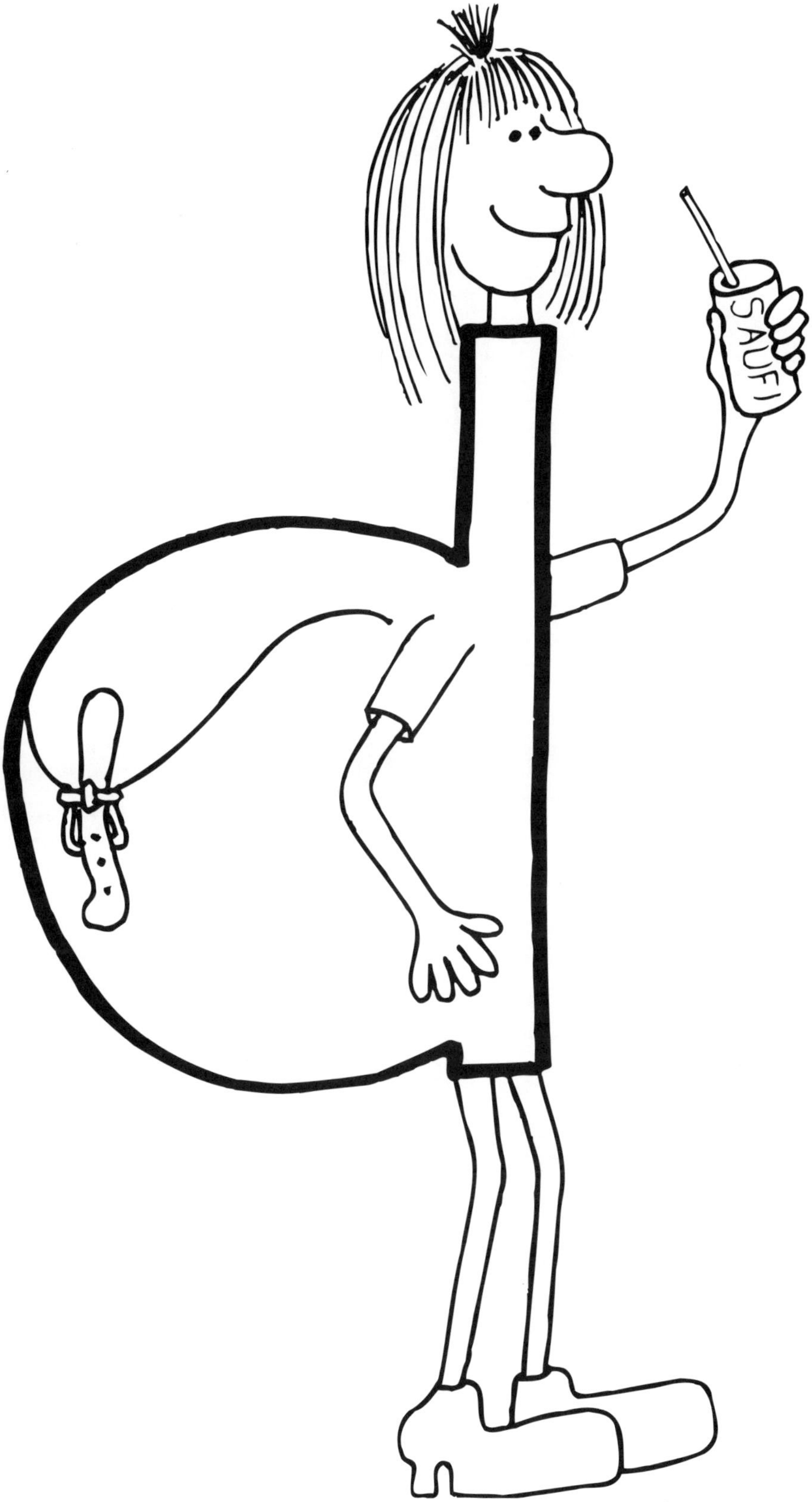
SAUFI

au

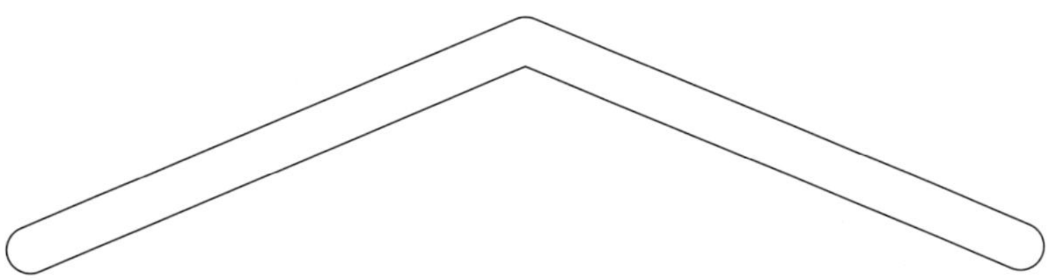

ei

en

er

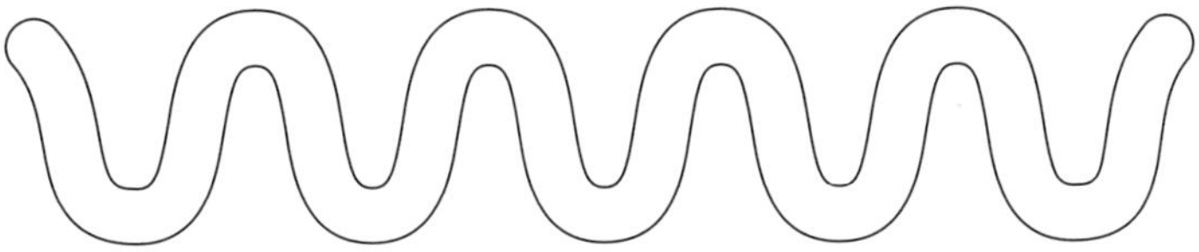

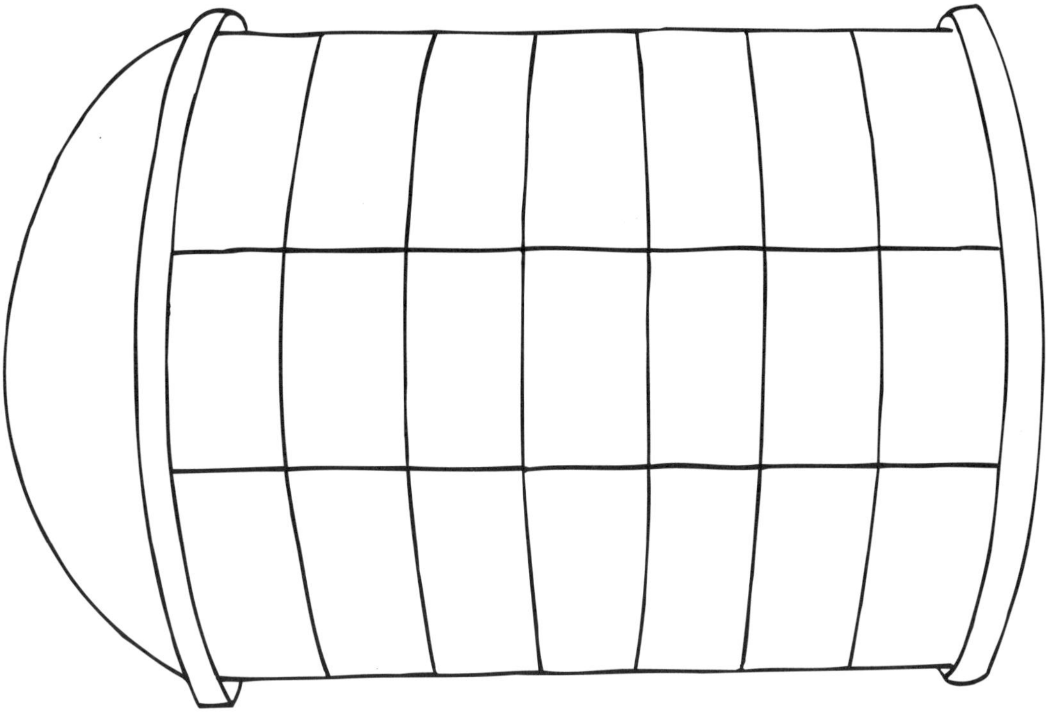

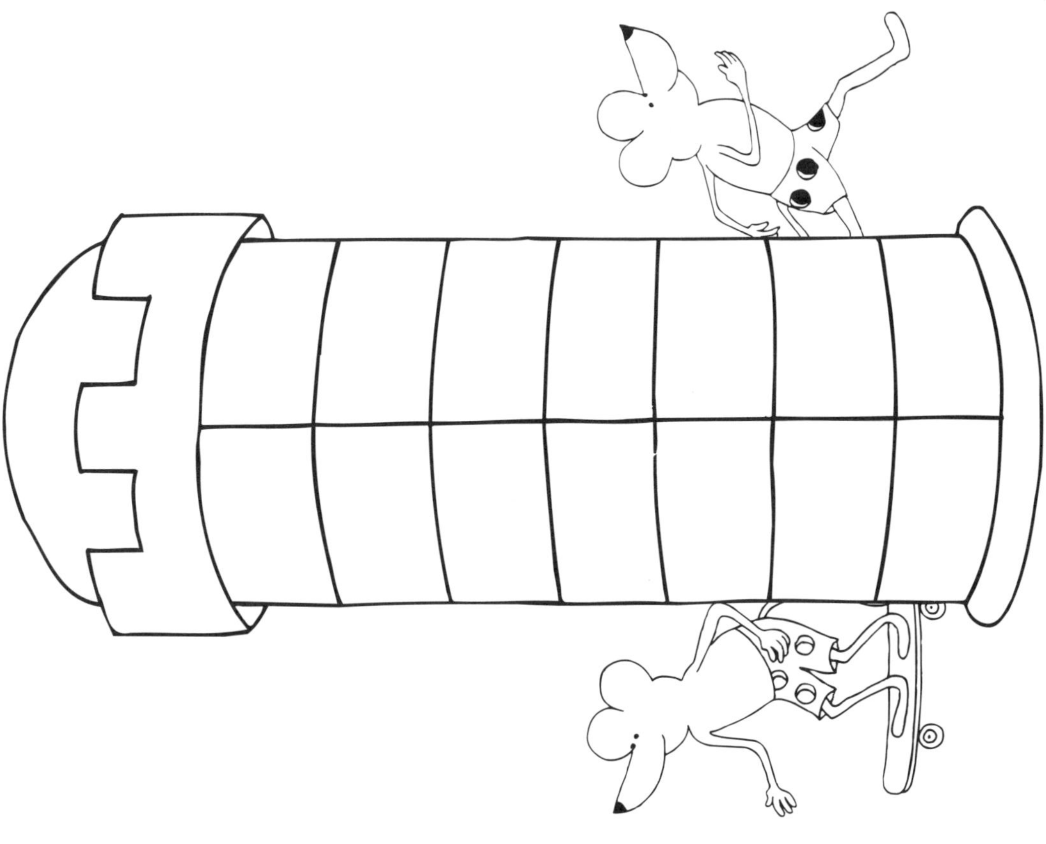

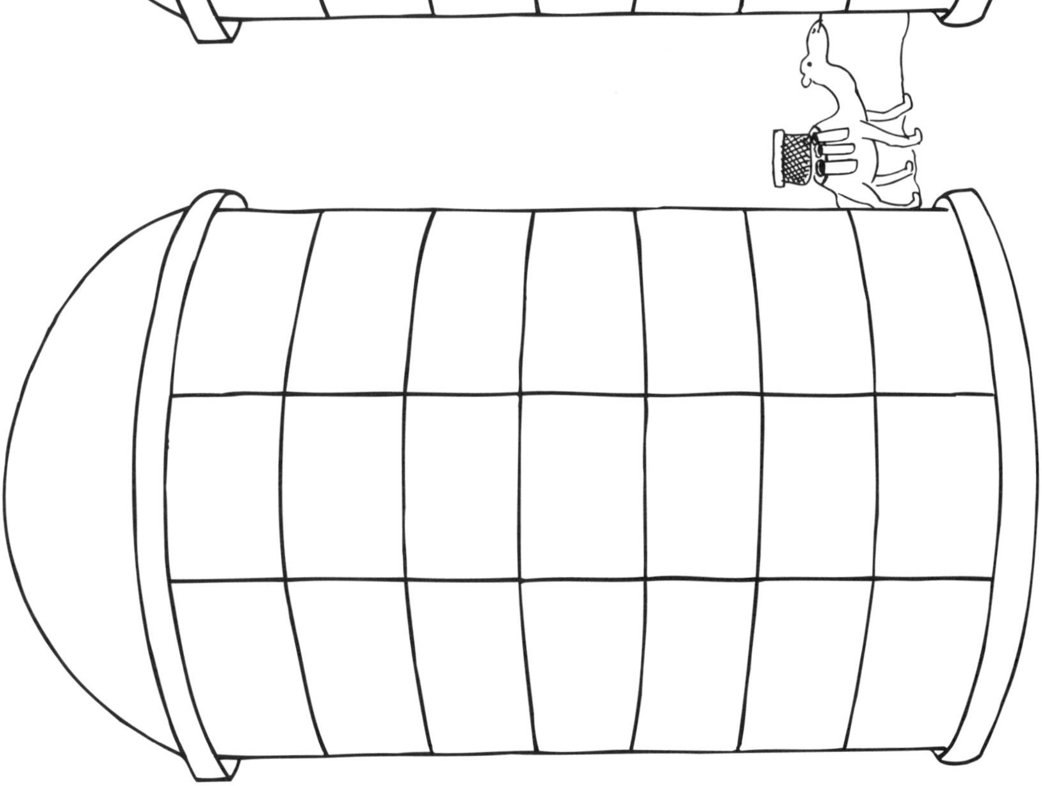